Holz im Garten kreativ verarbeitet

Schritt für Schritt wird alles erklärt...

Holz im Garten kreativ verarbeitet

Schritt für Schritt wird alles erklärt...

Materialkunde Gartenhölzer

6 **Materialkunde Gartenhölzer**
7 Das Angebot ist vielfältig
8 Wetterschutz für Gartenhölzer
13 Stabile Pfostenanker und Schrauben
13 Oberflächenbehandlung der Hölzer

Werkzeuge und Arbeitstechniken

14 **Werkzeuge und Arbeitstechniken**
15 Die wichtigsten Handwerkzeuge
15 Nützliche Elektrowerkzeuge
17 Pfostenfundamente richtig anlegen
21 Palisaden einbauen
21 Kleine Betonkunde für Gartenfreunde

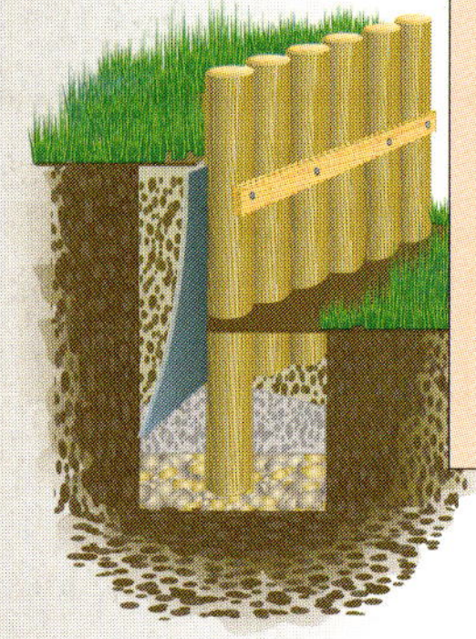

Zäune, Pergolen, Sichtschutzelemente

22 **Zäune, Pergolen, Sichtschutzelemente**
23 Montage einer Sichtschutzwand
24 Wetterfeste Kunststoffelemente
26 Montage einer Zaunanlage
29 Pergola über dem Sitzplatz vor dem Gartenhaus
34 Pflanzzaun mit üppiger Blütenpracht
36 Gartentor mit Rankgittern

Gärten mit Holz kreativ gestalten

38 **Gärten mit Holz kreativ gestalten**
39 Terrassenbau mit Bangkirai und anderen Hölzern
43 Punktfundamente aus Rohren
43 Befestigung mit System
44 Vorgefertigte Holzroste zur Terrassengestaltung
45 Roste aus Thermoholz zum Renovieren von Balkon oder Terrasse
46 Variable Holzroste für den mobilen Einsatz im Garten
47 Mit Konstruktionshölzern Gartendecks individuell gestalten

48 Wassergarten mit Holzterrassen
52 Bau der Pergola
54 Bau der Treppe
54 Der Teichbau
59 Wassergarten mit hochgelegtem Teich und Holzumrandung
69 Holzbrücke für Teiche oder Bachläufe im Garten

72 **Pflanzkästen für den Garten bauen**
73 Aus Holzresten können Sie praktische Pflanzkästen bauen
75 In eine Holzterrasse integrierte Pflanzkästen
77 Frühlings-Blumenkasten
79 Freistehender Pflanzkasten
81 Hängender Pflanzkasten
83 Attraktive Pflanzkübel

86 **Spielen im Garten**
87 Ein fertig gekaufter Spielturm mit Leiter und Rutsche
90 Das Windrad setzt einen spielerischen Akzent

94 Register

Materialkunde Gartenhölzer

Gartenanlagen mit Holz zu gestalten, ist ein Trend, der immer mehr Anhänger findet. Waren es früher nur einfache Pergolabausätze und Flechtzaunelemente, unter denen der Gartenfreund auswählen konnte, so gibt es heute eine bunte Palette regelrechter Möblierungs-Module für das heimische Grün

Das Angebot ist vielfältig

Pergolen mit geschwungenen Hölzern, Rankgitter in kunstvollen geometrischen Formen, vorgefertigte Bodenroste, Baukastensysteme aus Palisaden – kein Gestaltungswunsch muss bei diesem breit gefächerten Angebot unerfüllt bleiben. Es gibt eine unermessliche Vielzahl an Konstruktionshölzern und Fertigelementen.

Doch schon bei Planung und Einkauf ist schnell der erste gravierende Fehler gemacht: Häufig wird bei der Gestaltung kleiner Gärten zu viel des Guten getan. Typisch sind die Grünflächen frisch angelegter Reihenhaussiedlungen: Sobald Bagger und Planierraupen das Terrain verlassen haben, werden die „Claims" abgesteckt und durch Zäune, Palisaden oder hohe Sichtschutzelemente vor unerwünschtem Betreten und neugierigen Blicken geschützt. Je kleiner die Grundstücke, desto gewaltiger sind oft die wetterfest lasierten oder kesseldruckimprägnierten Bollwerke.

Hier sollten Sie also darauf achten, dass die Proportionen stimmen. Im Zweifelsfall legen Sie sich für die Planung ein maßstabsgerechtes Modell Ihres Gartens an.

Beim Kauf von Bauelementen für Pergolen und andere Schutzelemente ist es wichtig, unbedingt auf eine gute Verarbeitung und vernünftige Qualität des Materials zu achten. Es gibt Pergolen und Schutzelemente aus schlecht verarbeiteten Hölzern, die wenig Freude machen und unter Umständen nicht lange halten. Größte Sorgfalt bei der Verarbeitung und beim Aufbau stellen sicher, dass die Freude an der Pergola und damit am liebevoll gestalteten Garten lange hält.

Gartenhölzer

Hochwertige Pfosten bestehen aus schichtverleimtem Holz (links). Pfostenkappen aus Holz schützen die Pfostenköpfe vor der Witterung (unten)

Kesseldruckimprägnierte Konstruktionshölzer gibt es in verschiedenen Maßen

Wer sich an den Verarbeitungstipps dieses Ratgebers orientiert, kann seinen Gartenhölzern eine Lebensdauer von Jahrzehnten verleihen.

Wetterschutz für Gartenhölzer

Im Freien verbautes Holz ist durch eine Vielzahl verschiedenster Schädlinge gefährdet. Aber muss man deshalb generell mit schwersten chemischen Geschützen anrücken? Sicher nicht. Entscheidend für einen möglichen Schädlingsbefall ist der Feuchtigkeitsgehalt des Holzes. Schädliche Pilze wie auch Insekten brauchen mindestens 20% Holzfeuchte, um ihrem zerstörerischen Werk nachgehen zu können. Holz, das nach jedem Regenguss auch wieder weitgehend abtrocknen kann, ist also deutlich weniger gefährdet als ein Pfosten, der ins Erdreich eingegraben wurde und damit ständig feucht ist.
Die Grundregel für Gartenbesitzer mit ökologischem Gewissen lautet: So wenig Chemie wie möglich. Vor diesem Hinter-

Zaunanlage mit Handlauf und stabilen Rundkopfpfosten zum Eingraben

Einfacher Zaun aus kesseldruckimprägnierter Kiefer. Der gleiche Zaun wird auch fertig oberflächenbehandelt z. B. in Blau und Weiß angeboten

Aus Zedernholz: Kombination aus geschwungener Pergola mit Zaunelementen

Einen wettergeschützten Platz bietet der Pavillon mit Holzgerüst und Plane

grund sollte man zu umweltfreundlich kesseldruckimprägnierten Hölzern greifen: Sie sind mit speziellen Salzen behandelt, die unter hohem Druck in die Zellen des Materials gepresst werden und sich dauerhaft mit den Holzfasern verbinden. Dieser Holzschutz wird nicht von der Bewitterung ins Erdreich ausgewaschen. Ökologisch unbedenkliche Imprägnierungen werden durch Aufdrucke gekennzeichnet.

Fichten- oder Kiefernholz, das ständigen Kontakt zum Erdreich hat, fault aber auch bei Druckimprägnierung nach einigen Jahren weg. Daher empfiehlt es sich, Betonfundamente mit speziellen Metallträgern herzustellen, auf denen die Holzkonstruktion dann ohne Erdkontakt ruht. Wer bei den Fundamenten größeren Aufwand in Kauf nimmt, muss sich nicht über abgefaulte Pfosten ärgern.

Sichtschutzwände sollen nicht eintönig wirken. Hier lockern verschiedene Teile die Konstruktion auf. So passt sich das Ganze harmonisch in die Begrünung ein

Auch zu den meisten Sichtschutzelementen gibt es passende Gartentore. Die Schlösser von Gartentoren lassen sich mit handelsüblichen Profilzylindern ausstatten. So können Sie diesen Eingang in die Schließanlage Ihres Hauses mit einbeziehen

Treppenbau leicht gemacht: Gartenschwellen von 12 x 14 cm Stärke werden aufeinander geschichtet und an den Innenseiten durch Metallwinkel verbunden

Systemteile erleichtern die Montage: Es gibt Clipse für die Befestigung auf der Unterkonstruktion sowie Abschlussprofile für die Außenkanten (oben). Elegantes Gartendeck aus dauerhaft wetterfestem Bangkirai-Holz (links)

Einfriedungen oder Sichtschutzelemente aus Holz können heute auch in verschiedenen Farbtönen gestrichen werden. Eine regelmäßige Nachbehandlung ist dann aber unerlässlich

Schrauben und Beschläge

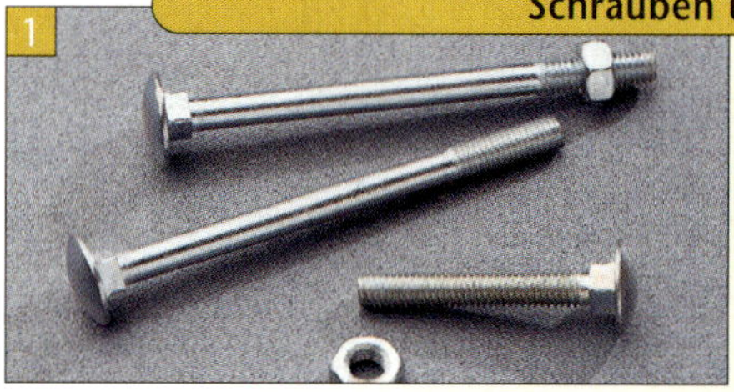

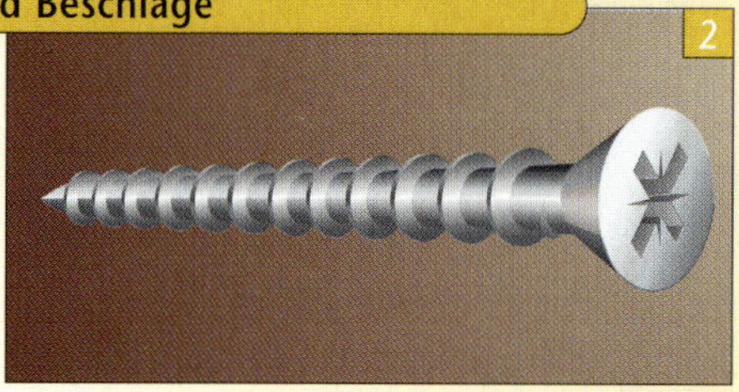

Verzinkte Schlossschrauben verbinden Pfosten mit Pfostenankern (1). Benutzen Sie nur selbstschneidende Schrauben aus rostfreiem Edelstahl (2)

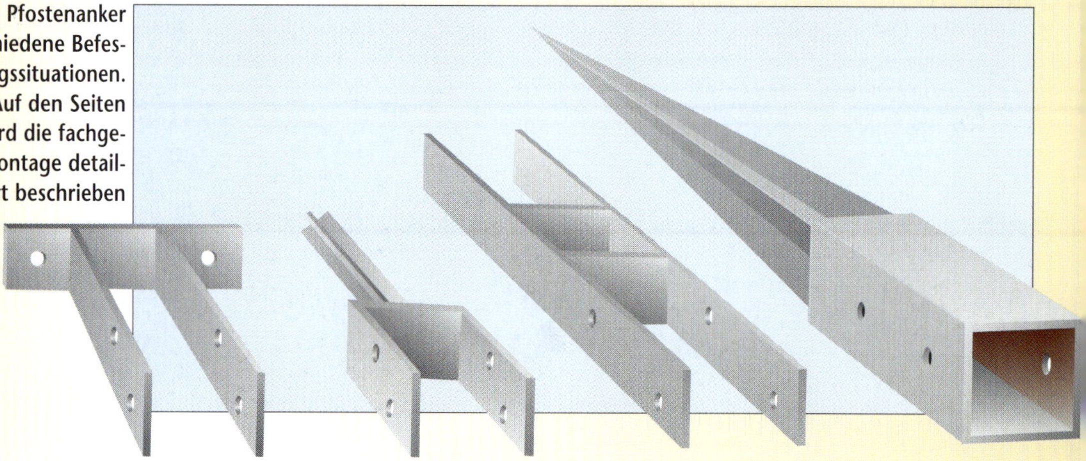

Verzinkte Pfostenanker für verschiedene Befestigungssituationen. Auf den Seiten 18-20 wird die fachgerechte Montage detailliert beschrieben

Stabile Pfostenanker und Schrauben

Wie bereits angesprochen, sollten Sie die Pfosten von Zäunen, Pergolen und anderen Holzkonstruktionen nach Möglichkeit nicht ins Erdreich eingraben. Besser ist die Montage mit Pfostenankern, die man in den Boden schlägt oder einbetoniert bzw. auf eine vorhandene Betonunterlage schraubt. Zur Befestigung der Pfosten an den Metallankern verwenden Sie verzinkte Maschinenschrauben oder Schlossschrauben.

Wenn es darum geht, Holzteile miteinander zu verschrauben, werden selbstschneidende Kreuzschlitzschrauben eingesetzt. Die verzinkte Standardausführung ist aber nur bedingt korrosionsbeständig. Beim Eindrehen beschädigt der Schrauberbit in der Regel die Verzinkung, sodass die Schraubenköpfe zu rosten beginnen. Verwenden Sie daher nur Schrauben aus rostfreiem Edelstahl.

Weil Edelstahl nicht so fest ist wie normaler Stahl, sollten Sie stets mit einem dünnen Holzbohrer vorbohren, damit die Schraube beim Eindrehen nicht abbricht.

Oberflächenbehandlung der Hölzer

Imprägnierte Hölzer widerstehen der Witterung auch ohne zusätzlichen Schutz. Dennoch verlängern Lasuranstriche das Leben des Holzes, denn die darin enthaltenen Pigmente verhindern, dass UV-Strahlen die Zellen des Holzes zerstören. Je dunkler der Anstrich, desto besser der Schutz.

Rohes Holz muss auf jeden Fall mit Wetterschutzlasur behandelt werden. Wer es farbig liebt, bekommt auch atmungsaktive Naturölfarben in verschiedenen Tönen. Teilweise werden Sichtschutzelemente etc. auch farbig endbehandelt angeboten. Sie müssen aber regelmäßig nachbehandelt werden.

Farbpalette der gängigen Lasuren und Landhausfarben für Holz im Freien (oben).
Die Farben oberflächenbehandelter Hölzer müssen Sie regelmäßig auffrischen (links)

Rohes Holz bekommt erst eine Grundierung und dann einen Lasuranstrich

Werkzeuge und Arbeitstechniken

Um professionelle Arbeitsergebnisse zu erzielen, brauchen Sie diverse Werkzeuge zum Messen, Sägen, Schrauben usw. Hier eine Übersicht

Die wichtigsten Handwerkzeuge

An erster Stelle steht bei der Bearbeitung von Gartenhölzern das Sägen. Oft reicht ein guter Fuchsschwanz aus, um beispielsweise Pergolapfosten auf die gewünschte Länge zu bringen.

Zuvor gilt es, die Teile richtig abzumessen und die Sägeschnitte mit einem Winkel sauber anzureißen. Sägen Sie einen Pfosten immer von allen vier Seiten wechselweise ein, damit ein exakt rechtwinkliger Schnitt entsteht. Wer nur von einer Seite sägt, wird beobachten, dass die Säge ganz unweigerlich verläuft. Raue Sägekanten werden anschließend mit einer Raspel geglättet.

Um Abstände über längere Distanzen genau zu messen, brauchen Sie ein Rollmaßband. Eine Rolle Maurerschnur und zwei dünne Eisenstangen benötigen Sie, um längere Fluchten zu markieren.

Zum genauen Ausrichten von Pfosten und Unterkonstruktionen ist eine möglichst lange Wasserwaage unerlässlich. Am besten besorgen Sie sich noch eine 2 m lange Aluschiene, an die Sie die Wasserwaage beim Ausrichten anlegen können.

Nützliche Elektrowerkzeuge

Eine Stichsäge als besonders vielseitig einsetzbares Elektrowerkzeug sollte bei umfangreicheren Holzarbeiten im Garten auf keinen Fall fehlen. Sie können damit Latten und Bretter ablängen und auch der Länge nach auftrennen. Bei größeren Querschnitten muss die Stichsäge jedoch passen. Hier können Sie einen so genannten Elektrofuchsschwanz oder besser noch die Tandemsäge einsetzen.

Während beim Elektrofuchsschwanz das Sägeblatt ohne Führung vor und zurückschwingt und daher kaum exakt anzusetzen ist, besitzt die Tandemsäge zwei gegenläufige Sägeblätter, die an einem starren Führungsblatt befestigt sind.
Mit diesem Werkzeug durchtrennen Sie selbst eine massive Schwelle genau an der vorgezeichneten Sägelinie. Sind mehrere Bretter auf gleiche Länge zu bringen,

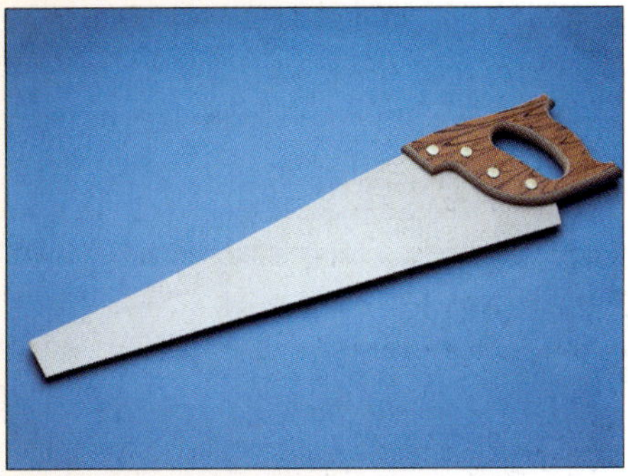

Der Fuchsschwanz ist eine Universalsäge – geeignet für fast alle Sägearbeiten

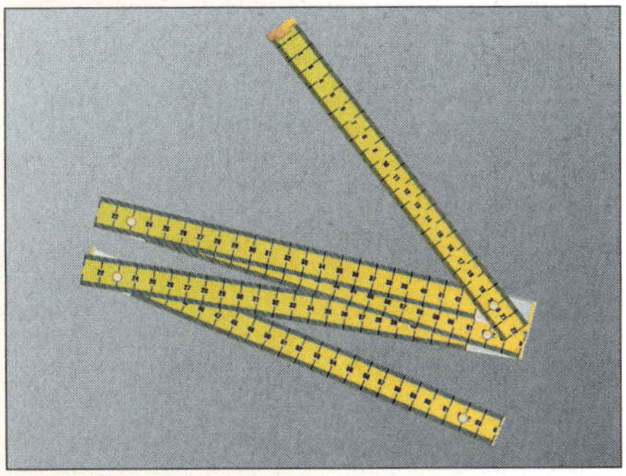

Der Zollstock ist als Messwerkzeug beim Ablängen von Hölzern unentbehrlich

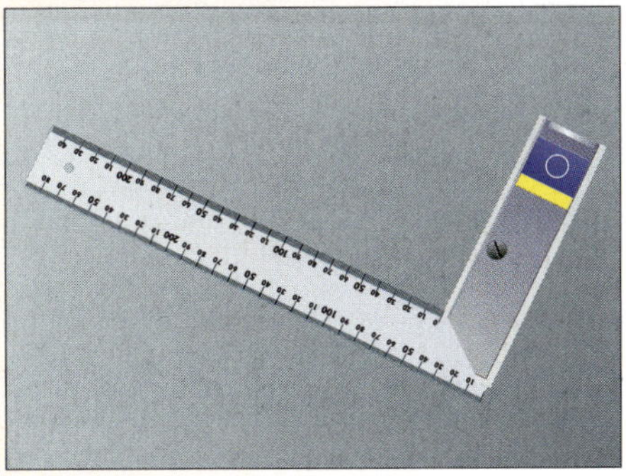

Mit dem Schreinerwinkel reißen Sie die Sägelinien genau rechtwinklig auf dem Werkstück an

Elektrowerkzeuge

Die Stichsäge ist vielseitig. Für Schrägschnitte wird ihre Bodenplatte gekippt

Die Handkreissäge braucht für saubere Schnitte eine Führungsleiste

Die Tandemsäge schafft einen ganzen Stapel Bretter in einem Streich

Der Akkuschrauber erlaubt bequemes Arbeiten ohne störendes Kabel (4). Der Elektrofuchsschwanz sägt nicht sehr präzise. Daher ist er eher für grobe Arbeiten wie den Baum- oder Brennholzschnitt geeignet (5)

klemmt man sie durch eine Schraubzwinge zusammen und durchtrennt sie mit der Tandemsäge dann in einem einzigen Arbeitsgang. Auch Ausklinkungen und Überblattungen an massiven Balken sind mit diesem Werkzeug kein Problem.

Die Handkreissäge hat immer dann ihre Vorzüge, wenn es um lange Schnitte geht. Muss ein Sichtschutzelement beispielsweise gekürzt werden, klemmt man eine Führungslatte auf und schneidet mit der Handkreissäge in einem Zug durch Rahmenhölzer und Lamellen (siehe Tipp).

Sichtschutzelemente kürzen

Mit der am Anschlag geführten Handkreissäge können Sie Sichtschutzelemente ganz exakt kürzen.

Eine Bohrmaschine gehört unbedingt zur Ausrüstung. Wer allerdings über einen leistungsstarken Akkuschrauber verfügt, kann

unter Umständen auf die Bohrmaschine verzichten und statt dessen bequem kabellos arbeiten. Bei den meisten Schraubarbeiten ist das akkubetriebene Gerät ohnehin vorzuziehen. Aber auch übliche Bohrarbeiten in Holz schafft ein guter Akkuschrauber ohne Probleme.

Wichtig ist bei Schraubarbeiten die Wahl des exakt passenden Bits. Nur wenn Sie die richtige Schrauberklinge wählen, überträgt sich die Drehkraft optimal und ein Durchdrehen des Bits wird vermieden. Denken Sie im Übrigen daran, dass die Bezeichnung selbstschneidende Schraube nicht immer wörtlich genommen werden darf. Bei langen Schrauben, die in festes und gut abgetrocknetes Holz gedreht werden sollen, empfiehlt es sich immer, das Schraubloch vorzubohren.

Pfostenfundamente richtig anlegen

Die erste Regel beim Anlegen eines Fundamentes für Holzkonstruktionen heißt: Das Erdreich, auf das sich der Aufbau gründet, muss gut verdichtet sein. Dies gilt vor allem für die Außenanlagen von Neubauten. Häufig wird nämlich der zum Verfüllen der Baugrube eingebrachte Kies nicht sorgfältig genug verdichtet, sodass er mit der Zeit nachsackt. Holzaufbauten machen diese Bodensenkung dann zwangsläufig mit.

Im Zweifelsfall sollten Sie das Erdreich vor Beginn der Fundamentarbeiten noch einmal gründlich abrütteln. Die Pfosten für einfache Zaunkonstruktio-

Direkte Pfostenverankerung

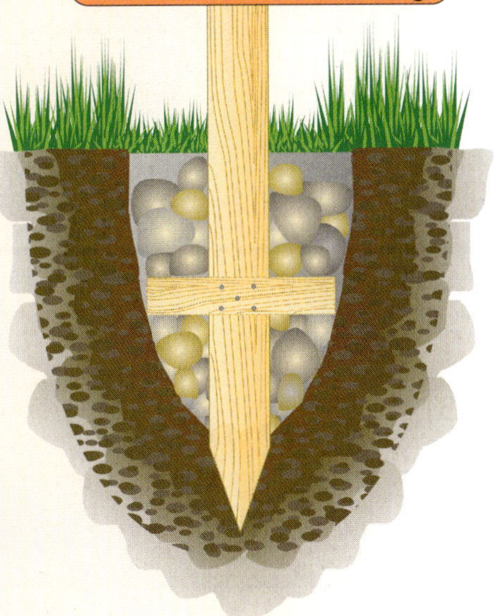

In einem mit Grobkies gefüllten Loch steht ein Pfosten mit Querstück recht fest

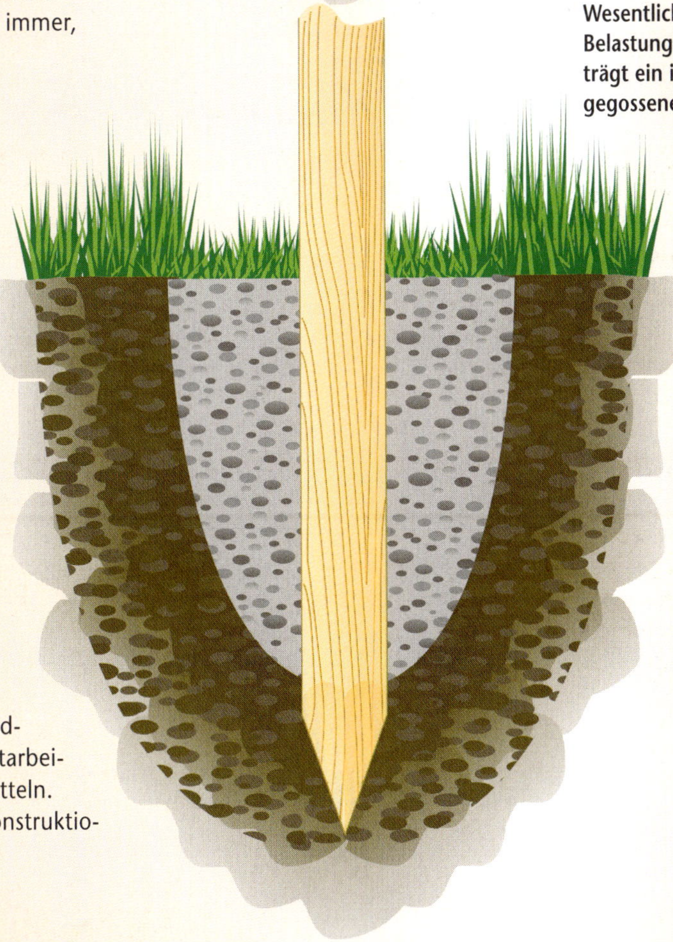

Wesentlich höhere Belastungen verträgt ein in Beton gegossener Pfosten

So entsteht ein solides Fundament

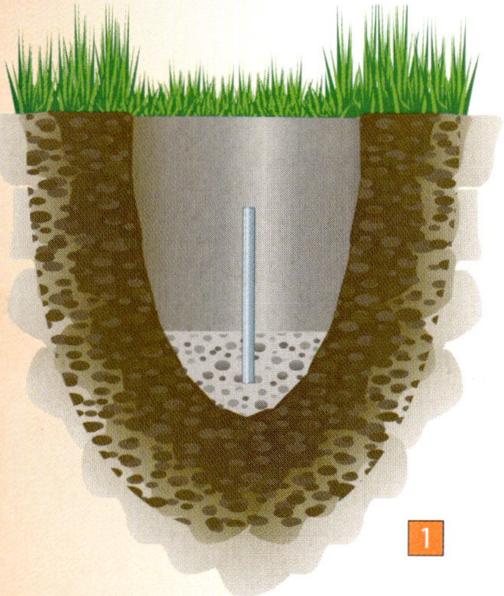

1

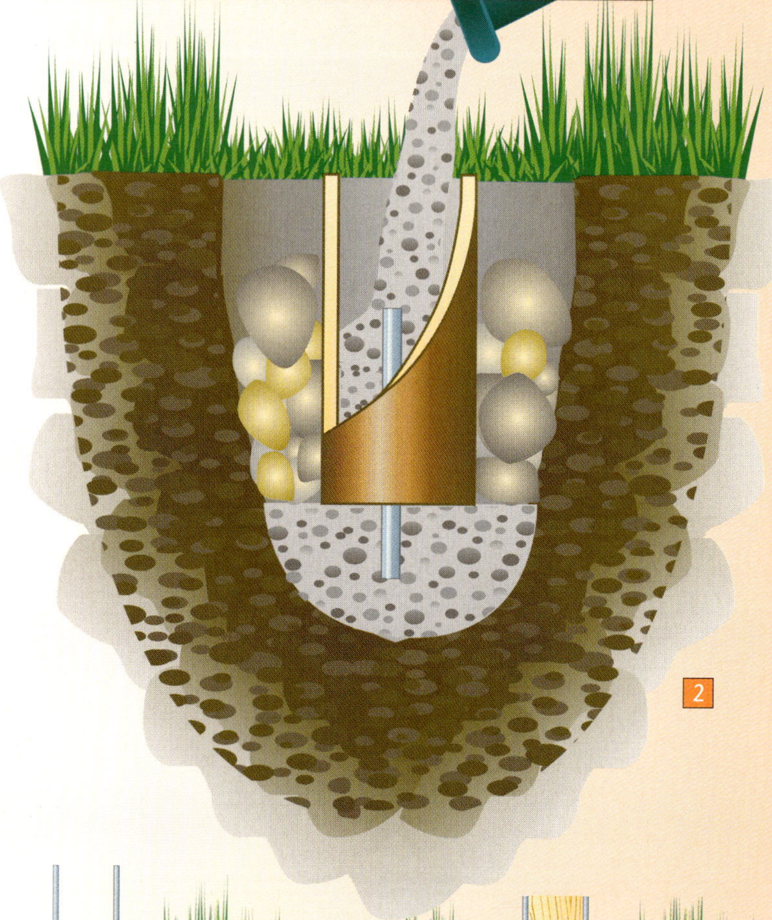

2

Zuerst die Bodenplatte gießen und ein Moniereisen hineinstecken (1). Am nächsten Tag ein Stück Kanalrohr oder einen 10l-Eimer (150 mm Durchmesser) auf die Platte stellen und mit Beton füllen (2). Der in den frischen Beton gesteckte H-förmige Anker wird mit Hilfe einer Latte ausgerichtet (3). Zwischen den Laschen des Ankers fixieren Sie nun den Pfosten mit zwei langen Schlossschrauben (4)

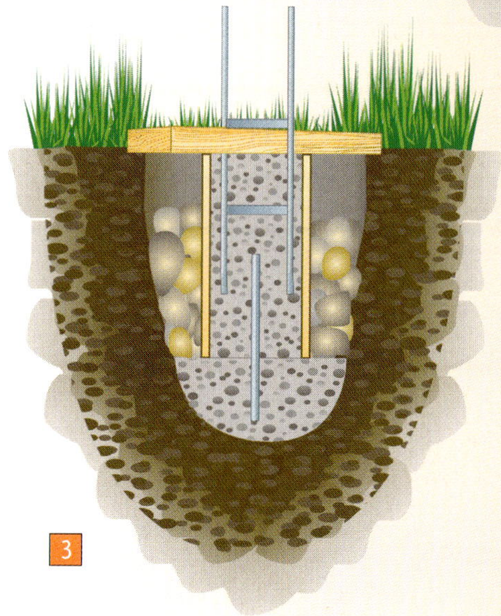

3

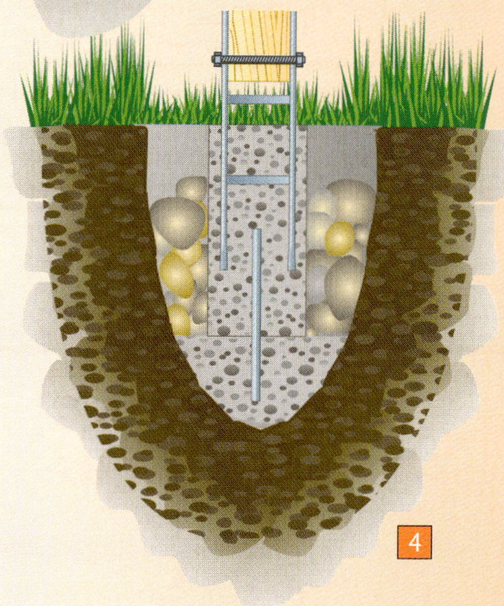

4

nen können dann, sofern sie aus kesseldruckimprägniertem Holz bestehen, direkt in den Boden gerammt werden. Deutlich mehr Halt bekommen die Pfosten jedoch, wenn man sie in vorbereitete Löcher setzt, die nach dem Ausrichten mit Grobkies oder Magerbeton verfüllt werden.

Nach Möglichkeit sollte jeder Fußpunkt der geplanten Holzkonstruktion jedoch ein eigenes, etwa 60 cm tiefes Betonfundament bekommen. Weil das Holz dann ohne direkten Bodenkontakt verbaut werden kann, bleibt es trocken und hält wesentlich länger. Direkt in den frischen Beton eingelassene Pfostenanker aus verzinktem Stahl stellen die Verbindung zwischen Holz und Beton her. Die Grafiken links und rechts zeigen Ihnen einige typische Fundamentkonstruktionen.

Auf bereits vorhandene Punkt- oder Streifenfundamente bzw. Mauern dübelt man spezielle Pfostenanker (Grafiken rechts). Allerdings können randnah gesetzte Dübel beim Anziehen der Schrauben den Beton sprengen.
In diesem Fall sollten Sie besser kurze Gewindestangen mit Montagemörtel in die Bohrlöcher setzen.

Wichtig ist auch das höhengleiche Anlegen von Punktfundamenten für Zäune, Pergolen usw. Beim Ausmessen hilft eine Schlauchwaage. Sie zeigt höhengleiche Punkte an (siehe Grafik auf der folgenden Seite).

Aufgedübelte Pfostenschuhe

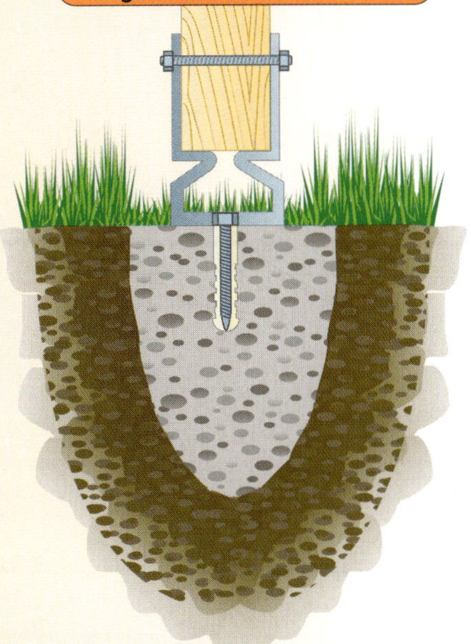

Hier ein Pfostenschuh, der auf ein bereits vorhandenes Fundament gedübelt wird

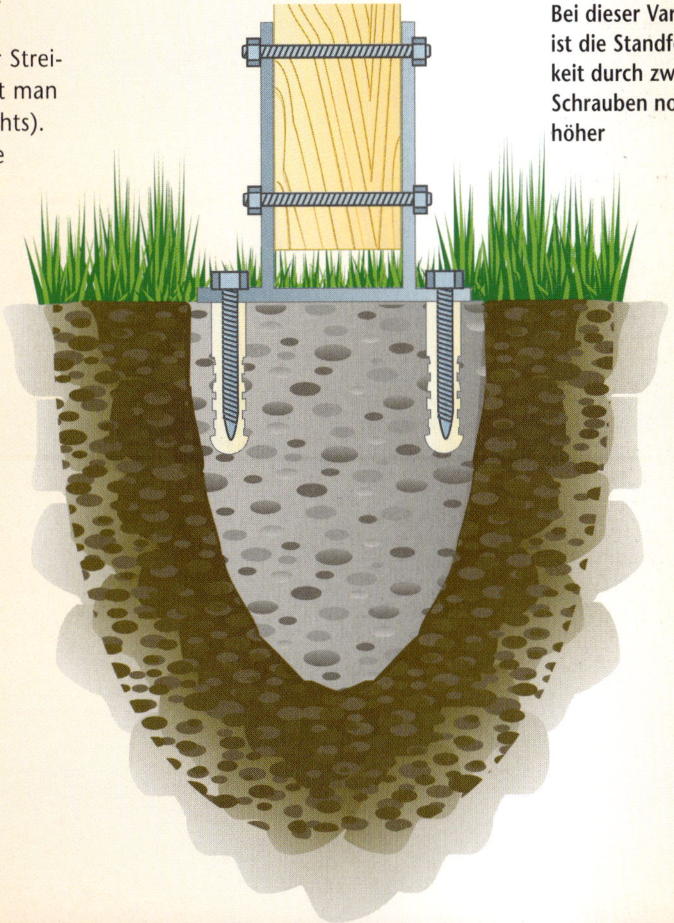

Bei dieser Variante ist die Standfestigkeit durch zwei Schrauben noch höher

Dieser einbetonierte Anker verträgt keine starken seitlichen Belastungen (rechts). Die Schlauchwaage zeigt höhengleiche Punkte an. So können Sie die Höhe eines Ausgangspunktes auf weitere Punkte übertragen (ganz rechts)

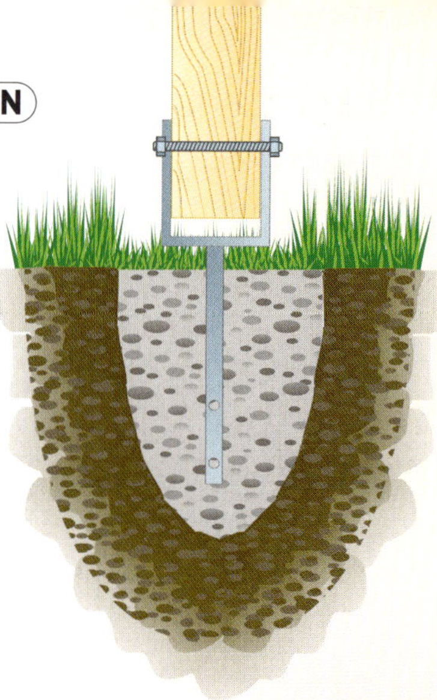

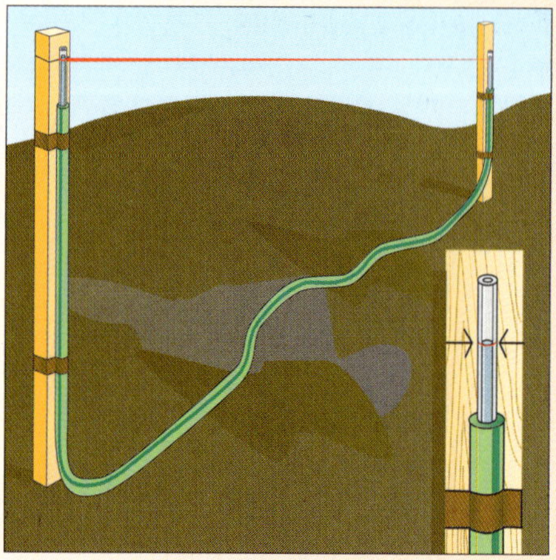

Palisaden setzen

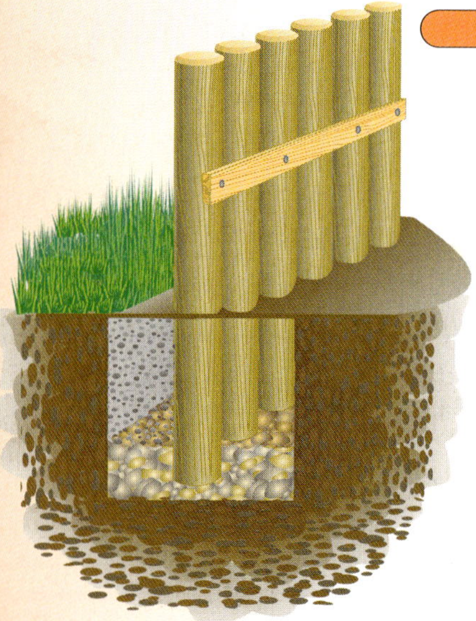

Der Graben wird mit Drainagekies gefüllt. Dann setzt man die Palisaden ein und verfüllt den Graben wieder (oben). Bei einer Abstützung schützt man die Palisaden auf der Hangseite mit Bitumenpappe vor Sickerwasser (rechts)

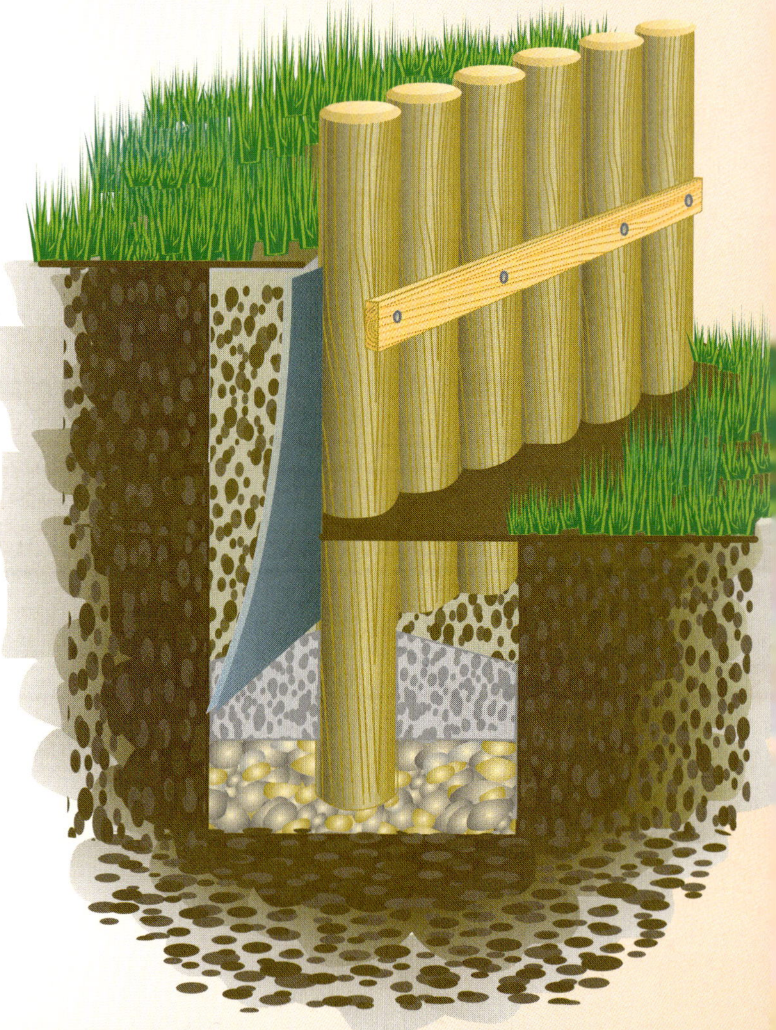

Palisaden einbauen

Wie man Palisaden für massive Abtrennungen sowie für Gelände-Abstützungen einbaut, zeigen die beiden Grafiken (Seite 20 links unten). Drainagekies an den Fußpunkten soll ein vorzeitiges Verfaulen der Hölzer verhindern.

Kleine Betonkunde für Gartenfreunde

Wie mehrfach angesprochen wurde, sollten Holzkonstruktionen nach Möglichkeit nicht direkt mit dem Erdreich in Kontakt kommen. Ideal sind Betonfundamente. Kleinere Mengen Beton können Sie leicht von Hand mischen. Messen Sie mit Eimern oder Schaufeln ein Teil Zement und fünf bis sechs Teile Kies ab. Geben Sie Wasser dazu und vermengen Sie das Ganze, bis die Masse die gewünschte Konsistenz erreicht hat. Für kleinere Arbeiten lohnt es kaum, Kies und Zement zu beschaffen. Kaufen Sie dafür besser fertige Trockenmischungen, die nur noch mit Wasser angemischt werden müssen.

Für besonders feingliedrige Bauteile kann normaler Betonkies zu grob sein. Dann nehmen Sie besser so genannten Estrichsand, der nur sehr kleine Kiesel enthält. Dabei empfiehlt es sich, vier Teile Sand mit einem Teil Zement zu mischen. Diese Mischung ist „fetter" und ergibt einen Beton mit höherer Endfestigkeit.

Wenn Sie ein paar Schalplatten oder stabile Folie unterlegen, können Sie den Beton direkt auf dem Boden mischen. Besser sind aber ein großer Mörtelkübel oder eine Schubkarre. Nur wenn größere Mengen Beton erforderlich sind, sollten Sie sich eine Mischmaschine besorgen.

Beton mischen

1 Zuerst den Kies per Schaufel trocken mit dem Zement vermischen

2 Dann geben Sie nach und nach Wasser zu, bis die Konsistenz stimmt

3 Beim Mischen in der Schubkarre können etwa 60 Liter Beton hergestellt werden

Zäune, Pergolen, Sichtschutzelemente

Für die Einfriedung eines Grundstücks sind Holzzäune ideal. Wo zusätzlicher Sichtschutz gewünscht wird, setzt man entsprechend höhere Elemente ein. Und Pergolen schließlich sind eine Mischung aus Dekoration und praktischer Rankhilfe für Kletterpflanzen

Montage einer Sichtschutzwand

Sichtschutzwände bieten dem Wind eine große Angriffsfläche. Daher sollten die Pfosten möglichst solide verankert sein. Den besten Halt bieten einbetonierte H-Anker. An exponierten Stellen kann es erforderlich sein, zusätzlich Windankerlaschen zu montieren (siehe Abb. 2).

Wird die Konstruktion jedoch durch rechtwinklig abknickende Wandverläufe stabilisiert, reichen auch Einschlaganker, wie sie links unten gezeigt werden. Sie lassen sich am besten nach ausgiebigem Regen ins Erdreich treiben. Man legt das Einschlagwerkzeug aus Kunststoff in die Hülse und schlägt mit einem schweren Hammer darauf. Da die Hülse beweglich ist, lässt sich der Pfosten nachträglich ausrichten.

Damit die Sichtschutzwand nicht eintönig wirkt, sollte man möglichst verschiedene Elemente miteinander kombinieren. Wie das große Bild links zeigt, ist auch der Übergang zu einem Zaun machbar.

Montageschritte

Schnitt durchs Erdreich: So wird ein Pfosten mit H-Anker justiert und einbetoniert (1). Die seitlich angeschraubte Sturmankerlasche gibt zusätzliche Stabilität (2)

Bei wenig belasteten Konstruktionen reichen Einschlaganker völlig aus. Die bewegliche Hülse erlaubt ein nachträgliches Justieren des montierten Pfostens (3). Pfosten, die direkt ins Erdreich gesetzt werden, sollten Sie auf Drainagekies stellen und durch einen Betonring stabilisieren (4)

Wetterfeste Kunststoffelemente

Eine interessante Alternative zu Holzprodukten ist das hier gezeigte Zaun- und Sichtschutz-System, dessen Elemente aus weißem Fensterkunststoff bestehen. Die absolut passgenauen Teile lassen sich leicht montieren. Sie sind pflegeleicht und es gibt Garantie auf die Farbechtheit des Materials. Als Pflege reicht es aus, die Elemente einmal pro Jahr gründlich abzuspritzen – am besten mit einem Hochdruckreiniger.Unter dem Gesichtspunkt, dass keine Anstrichmittel für Erstbehandlung und Renovierung erforderlich und die Teile extrem langlebig sind, ist Kunststoff auch für umweltbewusste Gartenbesitzer interessant. Unsere Bilder zeigen die wichtigsten Montageschritte einer Sichtschutzwand.

Einzelne Teile wie Pfostenkappen oder Aufsatzleisten können Sie auch farbig absetzen. Zu empfehlen ist dann eine Behandlung mit Haftgrund. Anschließend wird Autolack aufgetragen.

Sichtschutz aus Kunststoff

Die Pfosten können Sie direkt ins Erdreich stellen und durch Beton fixieren (1). Alternativ lassen sich auch handelsübliche Einschlaganker verwenden (2)

1

2

Mit Spezialadaptern werden die Elemente an die Pfosten gehängt (3). Eine aufgeklemmte Aufsatzleiste bildet die obere Abdeckung des Elements (4)

3

4

5

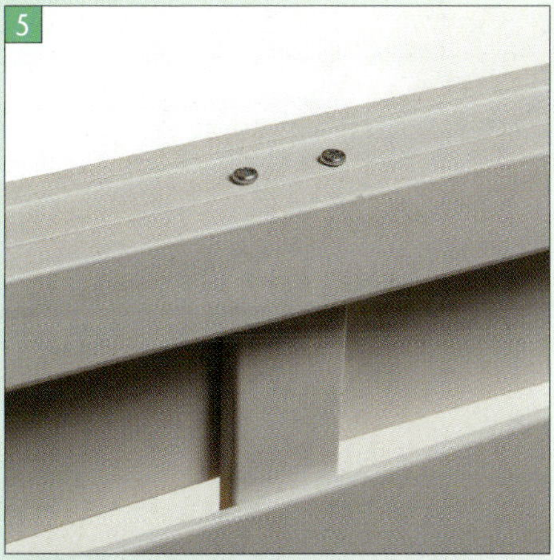

6

Die senkrechten Streben sind oben und unten mit dem Rahmen verschraubt (5).
Alle Teile sind dauerhaft formstabil. Gesäubert wird mit dem Hochdruckreiniger (6)

Montage einer Zaunanlage

Wenn Sie Zaunelemente aus einem Baukastensystem verwenden, ist die Montage im Nu erledigt. Anhand der örtlichen Gegebenheiten werden die Längen der Zaunfelder berechnet und die erforderlichen Pfosten, Querriegel und Zaunprofile bestellt.

Zuerst setzen Sie die Pfosten. Einbetonieren mit H-Ankern bringt die höchste Stabilität. Dann schrauben Sie die Querriegel an. Anhand einer Richtschnur befestigen Sie im nächsten Schritt die einzelnen Zaunprofile. Ein zwischengelegtes Distanzstück sorgt für gleich bleibende Fugenbreite. Arbeiten Sie nur mit rostfreien Edelstahlschrauben.

Fundamente nutzen

Wo ein Betonfundament vorhanden ist, wählen Sie solche angedübelten Schraubanker zur Pfostenmontage.

Zaunmontage

1 Messen Sie vor Ort die Länge der gewünschten Zaunfelder ab

2

3 Betonieren Sie dann die Pfosten ein – am besten mit stabilen H-Ankern (2). Sind alle Querriegel angeschraubt, beginnt die Montage der Zaunprofile (3)

4 Distanzstücke sorgen für gleichmäßige Abstände der Bretter zueinander

Pergola über dem Sitzplatz vor dem Gartenhaus

Vor ein vorhandenes Gartenhaus wird im hier gezeigten Beispiel zunächst eine Holzterrasse gebaut. Als Dekorationselement und Rankhilfe für Kletterpflanzen kommt dann eine Pergola mit Scherengittern zwischen den tragenden Pfosten auf den Unterbau.

Beim Aufbau der Unterkonstruktion der Holzterrasse muss man sich nach dem höchsten Punkt richten, der in diesem Fall

Das Gartendeck

1 Gehwegplatten aus Beton bilden das Lager für die Balken des Gartendecks

2

3

In Längsrichtung werden die Balken überlappend miteinander verschraubt (2). Eingefügte Querbalken dienen zur Stabilisierung und als Auflager der längs verschraubten Bretter (3)

4

5

Schon vor dem Verschrauben erhalten die Bretter beidseitig einen Anstrich mit Fäulnis hemmender Grundierung (4). Beim Anschrauben der Bretter sorgen Abstandhalter (hier Streifen von Bitumenpappe) für ein gleichmäßiges Fugenbild (5)

Die zunächst mit etwas Überstand zugeschnittenen Bodenbretter werden mithilfe der Handkreissäge und einem Anschlag sauber abgelängt (6). Zuletzt rundet man die Außenkante mit der Oberfräse und einem Halbrundfräser mit Anlaufzapfen (7)

Die Pergola

Auf der fertigen Bodenfläche kann nun das Pergoladach teilweise vormontiert werden. Es besteht aus äußerem und innerem Rahmen. Diagonale Eckstreben und sternförmig aufgeschraubte Reiter verbinden die beiden Rahmen (1)

durch ein Betonfundament des Gartenhauses vorgegeben ist. Vom Haus zum Garten fällt das Gelände ein gutes Stück ab. Hier werden Gehwegplatten aus Beton als Auflager der Balken benutzt.

Sobald die Bodendielen auf die Lagerhölzer geschraubt sind, geht es an den Bau der Pergola. Das große Bild links unten zeigt den Aufbau der Konstruktion, deren Gerüst zwei ineinandergefügte quadratische Rahmen bilden. An den vier Ecken werden diagonale Streben eingefügt, dann folgen aufgesetzte Pergolareiter.

2 Die Metallschuhe für die tragenden Pfosten werden auf den Holzboden geschraubt. Dann die Balken einsetzen, ausrichten und verschrauben (2)

3

4 Die Verlängerungen des äußeren Rahmens, mit denen man das Pergoladach mit dem Haus verbindet, werden durch verschraubte Überblattungen hergestellt (3).
Hier das Verschrauben der Rahmen mit den Pfosten (4)

5 Nun werden die Diagonalstreben verschraubt und der innere Rahmen eingesetzt. Zuletzt richtet man die Reiter aus und verschraubt auch diese (5)

Abschlussarbeiten

Um die fertig gekauften Rankgitter zwischen die Pfosten setzen zu können, müssen zunächst schmale Halteleisten angenagelt werden

Sind alle Teile des Pergoladachs vorbereitet, werden die insgesamt acht Pfosten, auf denen die gesamte Konstruktion ruhen soll, mittels Pfostenschuhen auf dem Holzdeck aufgestellt.

Zuerst werden nun die äußeren Rahmenteile auf die Pfosten gelegt. Von oben werden lange Schrauben an den vorher markierten und vorgebohrten Stellen durch den äußeren Rahmen in die Pfostenköpfe gedreht. Zusätzlichen Halt bekommt die Konstruktion durch die Verbindung mit dem Dach des Gartenhauses.

Anschließend setzt man die Gitter ein und verschraubt sie mit den Halteleisten

An der Rückseite des Gartendecks werden die senkrechten Pfosten mit dem dort errichteten Pflanzzaun (siehe Seite 34–35) verbunden. Zuletzt setzt man die Scheren-Rankgitter zwischen die Pfosten.

Das hier verarbeitete Holz ist unbehandelte Fichte. Dieses Material ist sehr preiswert, muss aber unbedingt gegen Witterungseinflüsse geschützt werden. Dafür sorgt eine Grundierung mit Fäulnis hemmenden Wirkstoffen und ein abschließendes Streichen mit Wetterschutzlasur. Diese Behandlung alle 2–3 Jahre wiederholen.

Sind alle Holzteile montiert, beginnt die abschließende Oberflächenbehandlung des Holzes mit Wetterschutzlasur, hier in einem warmen Kieferton

Pflanzzaun mit üppiger Blütenpracht

Um neben der Bepflanzung der Rankgitter zusätzliches Grün und prächtige Blüten in die unmittelbare Nähe des Gartendecks zu holen, wurde beim hier vorgestellten Beispiel ein Pflanzzaun mit integrierten Kästen errichtet. Das Grundgerüst bilden senkrechte Pfosten, auf deren Innenseiten man trapezförmig zugeschnittene Brettstücke schraubt. Schräg auf diese Lagerhölzer kommen dann die Seitenbretter der Pflanzkästen.

Den Boden der Kästen bilden schmale Bretter die entsprechend der Schräge der Trapezteile an den Kanten ebenfalls schräg zugeschnitten werden. Diese Bodenbretter einlegen und von außen mit den durchgehenden Seitenbrettern verschrauben.

Damit das Holz der so entstandenen Kästen nicht verfault, kleidet man sie innen mit Teichfolie aus. Um Staunässe zu verhindern, bekommt jeder Kasten mittig eine Bohrung durch Folie und Bodenbrett, in die man ein Plastikröhrchen einsetzt und mit Silikon zur Folie abdichtet.

Montageschritte

Die trapezförmigen Stirnbretter werden in gleichen Abständen an die Pfosten geschraubt (1). Dann stellt man die Pfosten auf, richtet sie aus und schraubt sie in ihren Metallschuhen fest (2)

Nun können die Seitenbretter der Kästen verschraubt werden (3).
Es folgen die Bodenbretter mit passend abgeschrägten Längskanten (4)

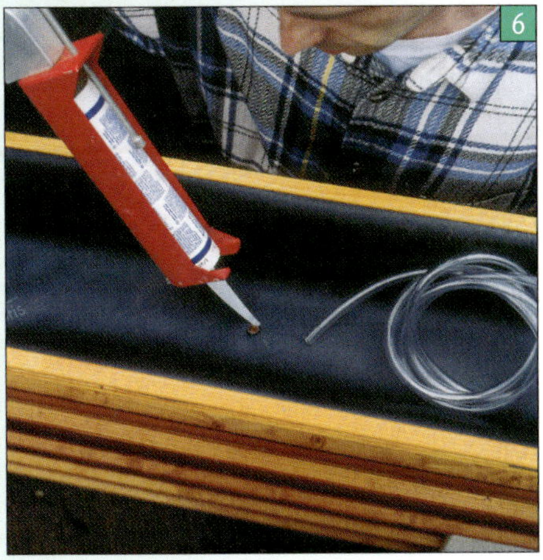

Als Nässeschutz bekommen die Kästen eine Auskleidung mit Teichfolie (5). Damit keine Staunässe entsteht, werden die Böden durchbohrt, kurze Plastikröhrchen eingeschoben und mit Silikon abgedichtet (6)

Gartentor mit Rankgittern

Zur Gartenanlage, die wir auf den vorhergehenden Seiten gezeigt haben, gehört auch ein selbst gebautes Tor mit seitlichen Rankgittern und Pergolareitern. Es ersetzte ein altes, bereits völlig morsch gewordenes Tor.

Einbetonierte Metall-Pfostenschuhe bilden die Basis der Konstruktion. Auf die vier Pfosten des Tores kommt ein rechteckiger Rahmen, der die sternförmig angeordneten Pergolareiter trägt.

Nachdem man unten zwei Querstücke eingesetzt hat, werden – ähnlich wie bei der zuvor gezeigten Pergola – scherenförmige Rankgitter zwischen die Pfosten gesetzt. Das eigentliche Tor besteht aus einem Rahmen, der ebenfalls mit einem passenden Rankgitter gefüllt wird.

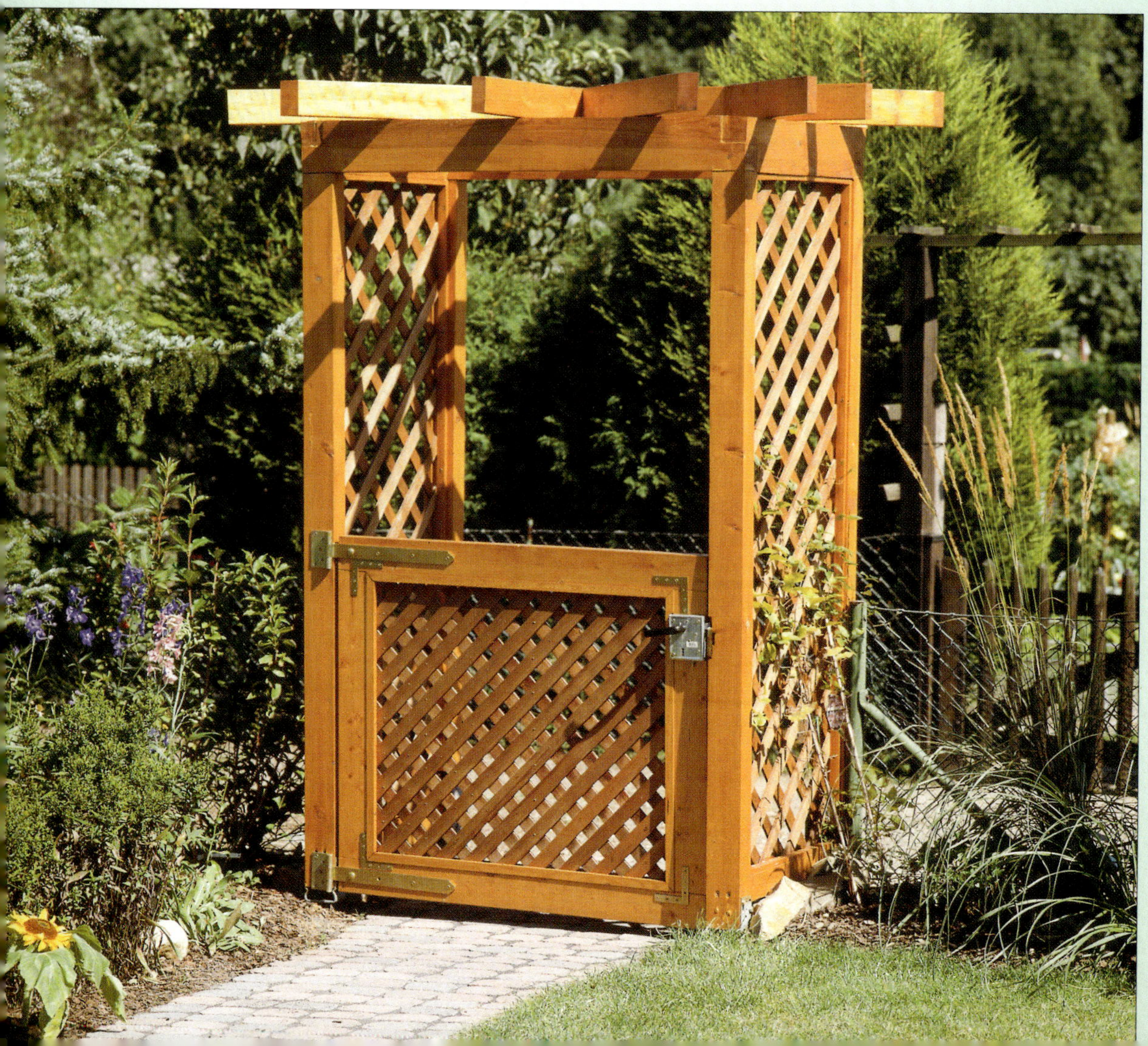

Tormontage

1

2

Das alte, bereits morsch gewordene Tor wird abgebaut (1). Die 9 x 7,5 cm starken Pfosten finden in einbetonierten Metallschuhen Halt (2)

3

4

Stumpf eingefügte Querbalken verleihen der Konstruktion im unteren Bereich die nötige Stabilität (3). Oben wird ein rechteckiger Rahmen aufgesetzt, der die sternförmigen Pergolareiter trägt (4)

5

6

Sind die Halteleisten angenagelt, schraubt man die Rankgitter an (5). Halteleisten auf der Gegenseite bilden einen sauberen Abschluss und fixieren die Gitter (6). Zuletzt wird nach dem gleichen Prinzip das eigentliche Tor gebaut und angeschlagen

Gärten mit Holz kreativ gestalten

Sitzplätze im Freien, Abstufungen des Geländes, attraktive Teichanlagen und vieles mehr können Sie mit den richtigen Gartenhölzern individuell realisieren

Terrassenbau mit Bangkirai und anderen Hölzern

Neben Gartenhölzern, die durch Imprägnierung wetterfest gemacht wurden, gibt es natürliche Hölzer, die auch ohne Chemiebehandlung problemlos im Freien verbaut werden können. Western Red Cedar aus Kanada sollte aufgrund des dezimierten Baumbestandes nicht unbedingt verwendet werden. Es gibt viele andere Hölzer, die einen von Natur aus eingebauten Wetterschutz besitzen, der sie ebenso haltbar macht wie die wertvollen, in ihrem Bestand gefährdeten Tropenhölzer. Diese Hölzer sind oft sogar wesentlich leichter und preiswerter. Umweltbewusste Importeure sorgen mehr und mehr dafür, dass das Holz aus nachwachsenden Beständen kommt.

Um eine Terrasse aus den mit geriffelter Oberfläche angebotenen Hölzern zu bauen, brauchen Sie zunächst einen stabilen Untergrund, der sich nicht mehr setzt. Ideal ist eine 15–20 cm dicke, gut verdichtete Splittschicht.

Die Lagerhölzer werden dann ohne direkten Bodenkontakt verlegt. Wo die Terrasse ans Haus anschließt, dübeln Sie Konstruktionshölzer von 38 x 89 mm ans Mauerwerk. Mit verzinkten Stahlwinkeln befestigen Sie daran dann als Träger für die Bodenbretter Kanthölzer von 89 x 89 mm. Der Abstand der Kanthölzer sollte 50–60 cm nicht überschreiten.

In Abständen von 80–100 cm legen Sie unter die Kanthölzer Gehwegplatten aus Beton. Mit Keilen werden die Kanthölzer dann unterfüttert, bis sie genau in der Waage liegen. Kontrollieren Sie die Positionen der Lagerhölzer durch Auflegen eines langen Richtscheits aus Alu.

Arbeitsschritte

1

2 An das Mauerwerk des Hauses werden Konstruktionshölzer geschraubt (1). Die Oberkante der Hölzer plus eine Brettstärke entspricht der Endhöhe (2)

3 Mit Metallwinkeln befestigen Sie nun die eigentlichen Lagerhölzer

Unter die Lagerhölzer kommen Gehwegplatten als Auflagepunkte (4). Die Hölzer werden nun unterfüttert, bis sie genau in einer Ebene liegen (5)

4

5

Seitlich angeschraubte Brettlaschen sorgen für eine feste Auflage der Hölzer (6). Mit 4–5 mm Abstand verschrauben Sie die Bretter auf den Lagerhölzern (7)

6

7

Die seitlichen Überstände werden erst zum Schluss mit der Kreissäge gekappt (8). Rundum bildet eine gegen die Lagerhölzer geschraubte Blende den Abschluss (9)

8

9

Sind die Lagerhölzer endgültig ausgerichtet, schrauben Sie seitlich im Bereich jeder Betonplatte zwei Laschen aus Brettabschnitten auf. Damit liegen die Kanthölzer dann fest auf dem Unterbau auf und können belastet werden.

Nun geht es ans Verschrauben der geriffelten Bodenhölzer von 26 x 140 mm Stärke. Legen Sie das erste Brett an der Vorderkante der Terrasse mit etwa 50 mm Überstand an. Dann drehen Sie an jedem Lagerpunkt zwei rostfreie Edelstahl-Kreuzschlitzschrauben von 5 x 60 mm ein.

Wo die Bretter in der Länge gestoßen werden, müssen die Stöße jeweils genau auf der Balkenmitte liegen. Die weiteren Bretter werden mit jeweils 4–5 mm Abstand zueinander verschraubt. Benutzen Sie eine dünne Leiste als Abstandslehre. Die so entstehenden Ritzen erlauben es dem Holz, bei Feuchtigkeitsaufnahme zu quellen und wieder zu schwinden.

Die seitlichen Überstände werden zum Schluss mit der Handkreissäge gleichmäßig gekappt. Dann schrauben Sie rundum Bretter als Blende gegen die Lagerhölzer.

Passende Sichtschutzblenden ergänzen die selbst gebaute Terrassenanlage

Punktfundamente gießen

Mit dem Doppelspaten lassen sich Fundamentlöcher sehr exakt ausheben (1). Die Rohrstücke werden in Beton gesetzt und auf die richtige Höhe gebracht (2)

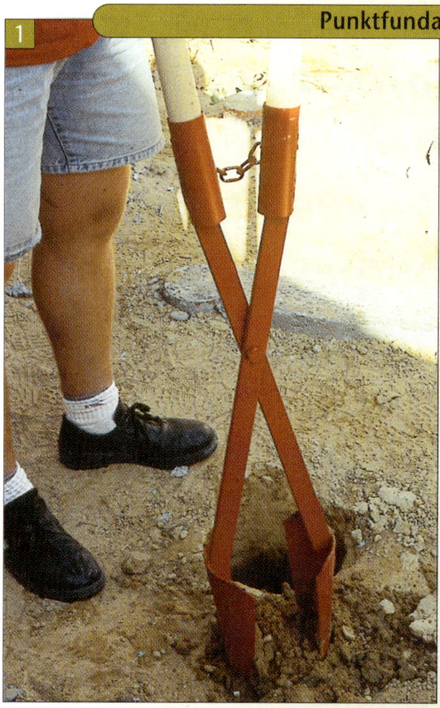

Im zweiten Schritt füllen Sie die Rohre mit Beton und setzten Pfostenanker ein (3).

Ragt ein Holzdeck übers Wasser, müssen Sie auch dort einen Lagerpunkt betonieren (unten)

Punktfundamente aus Rohren

Wenn gewachsener Mutterboden vorliegt, können Sie die links gezeigte Aufbauvariante wählen. Für die Punktfundamente werden Abschnitte von 100 mm dickem Kanalrohr in zuvor ausgehobene und mit Beton gefüllte Löcher gesetzt. Entsprechend der gewünschten Aufbauhöhe der Terrasse richtet man die Rohrstücke aus. Hat der Beton im Loch abgebunden, füllen Sie das Rohr mit Beton und legen die mit Metalllaschen versehenen Balken auf.

Befestigung mit System

Besonders komfortabel ist die Verarbeitung von Bodenbrettern mit Systembefestigung: Auf die Lagerhölzer geschraube Clipse fixieren hierbei die Bretter.

Befestigung mit System

1 Das Brett wird gegen das zuvor befestigte geschoben und dann mit Clip fixiert, der in eine werkseitig eingefräste Nut greift

2 Die Detailaufnahme zeigt, wie sich die Nut des nächsten Bretts wieder mit seiner Nut auf den Clip schiebt

Vorgefertigte Holzroste zur Terrassengestaltung

Ältere Terrassen aus unansehnlich gewordenen Steinen oder Waschbetonplatten können Sie mit fertig gekauften Holzrosten im Nu sanieren. Jedes einzelne der hier gezeigten Elemente beinhaltet alle zur Montage erforderlichen Komponenten. Eine Unterkonstruktion aus Lagerhölzern – wie bei den zuvor gezeigten Verlegebeispielen – ist nicht erforderlich.

Jedes Rost im Format 90 x 90 cm besteht aus sechs Brettern, die auf der Unterseite durch drei Querriegel verbunden sind. Insgesamt fünf höhenverstellbare Nivellierfüße erlauben das genaue Ausrichten jedes Elements. Sonderteile muss man sich selbst zuschneiden. Die Roste gibt es in Douglasie oder Bangkirai.

Problemlos nivellieren

Die Nivellierfüße werden in die vorgesehenen Bohrungen der Querriegel eingeschlagen (1). Man legt die Elemente im Schachbrettmuster aus und verschraubt die Querriegel miteinander (2)

Die Nivellierfüße lassen sich dann von oben mit einem Inbusschlüssel einstellen (3). Für einen sauberen Abschluss der Außenkante sorgen stumpf angeschraubte Bodenbretter (4)

Für ebene Untergründe

1

2

Als äußerer Rahmen der Verlegefläche dienen Traversen, die miteinander verschraubt werden (1). Hier ist der Rahmen bereits vorbereitet (2)

3

4

Nun werden die Holzroste eingelegt und mit den Traversen verbunden (3). Weitere Elemente einfügen. Etwaige Sondermaße müssen individuell zugeschnitten werden (4)

Roste aus Thermoholz zum Renovieren von Balkon oder Terrasse

Wie das auf der linken Seite gezeigte System sind auch die hier präsentierten Holzroste ideal zum Renovieren. Bei ebenen Untergründen braucht man keine Lagerhölzer.

Die 102 x 102 cm oder 102 x 203 cm großen Teile bestehen aus so genanntem Thermoholz, das durch eine Spezialbehandlung witterungsunempfindlich gemacht wurde. Den Randabschluss der Verlegefläche bilden Traversen von 28 cm Breite, die mit Gehrungsschnitten für die Außenecken oder als gerade Verlängerungsstücke geliefert werden. Die Roste lassen sich individuell kürzen. Zur Montage werden sie mit den Traversen wie auch untereinander verschraubt.

Schnell verschraubt

Der Boden des Pavillons ist aus acht rechteckigen Elementen zusammengesetzt (1). Die kleineren quadratischen Elemente im Schachbrettverband (2)

1

2

Variable Holzroste für den mobilen Einsatz im Garten

Als preiswerte Lösung für variable Einsätze bieten sich solche Holzroste aus kesseldruckimprägnierter Kiefer an. Die Elemente sind 50 x 50 cm bzw. 75 x 150 cm groß. Die Bretter der Deckfläche sind von unten mit Querbrettern verschraubt und vernagelt.

Aus acht großen Elementen lässt sich eine Fläche von 300 x 300 cm herstellen, beispielsweise als Boden eines Pavillons, der nur für die Sommermonate aufgestellt wird. Im Herbst baut man den Pavillon ab, schraubt die Roste wieder auseinander und verstaut alles witterungsgeschützt. So ist eine lange Lebensdauer der Hölzer gesichert. Im nächsten Jahr kann man die Teile auch woanders neu verlegen.

Mit Konstruktionshölzern Gartendecks individuell gestalten

Immer dann, wenn individuelle Lösungen gefragt sind, stellt man sich das Material für sein Gartendeck selbst zusammen. Für besonders lange Lebensdauer sorgen Konstruktionshölzer aus witterungsbeständigem Tropenholz wie Bangkirai oder aus werkseitig kesseldruckimprägniertem oder ölbehandeltem Holz.

Der runde Sitzplatz rechts beispielsweise besteht aus Bangkirai. Das völlig astreine Hartholz aus Indonesien ist absolut unverwüstlich. Selbst direkten Bodenkontakt kann es jahrzehntelang überstehen ohne zu faulen. Die unten abgebildeten Bodenbretter aus Douglasie sind ölbehandelt und leicht pigmentiert. Stirnseiten mit Nut und Feder erlauben die Endlosverlegung.

Mit Nut und Feder an den Stirnseiten lassen sich diese Bretter aus Douglasie ohne Rücksicht auf die Lagerbalken im „wilden“ Verband verarbeiten

Konstruktionshölzer aus Fichte in so genannter Thermoholz-Qualität. Eine spezielle Wärmebehandlung sorgt dafür, dass sich die Hölzer nach der Verlegung kaum noch verziehen

Wassergarten mit Holzterrassen

Da beim hier gezeigten Garten Holz als Baumaterial für die Terrasse vorgesehen war, entschied man sich, auch die Teichumrandung aus Holz zu bauen. Heraus kam ein Projekt, bei dem ein quadratischer Teich an zwei Flanken, die von Holzdecks gesäumt werden, das Bodenniveau um ca. 60 cm überragt. Bequeme Sitzflächen bilden den oberen Abschluss der Teichwände. An der dritten Seite erhebt sich ein Holzpodest mit Pergola und Sitzbänken über die Teichfläche und die vierte Seite zeigt eine kleine Rasenzone. Die beiden aus Holz und Metall aufgebauten Teichwände fallen steil zum Teichboden hin ab, sodass man im tiefen Wasser auch größere Fische beobachten kann.

Die mit Holz gestaltete Terrassen- und Teichanlage in der Draufsicht

Holzterrassen auf verschiedenen Ebenen lockern die befestigte Fläche auf

Die Grafik oben zeigt die Anlage in der Draufsicht. Links sehen Sie ein 5 x 5 m großes Holzdeck, das die Hauptterrasse bildet, dahinter, um 60 cm erhöht, befindet sich ein zweiter Terrassenbereich mit Pflanzinseln. Oberhalb des Teiches dann befindet sich das erhöhte Deck mit Pergola und Sitzbänken.

Als senkrechte Abstützung an der Geländekante zwischen Hauptterrasse und dahinterliegendem Holzdeck wurde zunächst eine Reihe kesseldruckimprägnierter Palisaden in die Erde getrieben. Bei 30 cm Abstand der Hölzer genügte eine doppelte Lage Teerpappe zur Böschungsseite, um das angeschüttete Erdreich zu halten. Den vorderen Abschluss bilden aufgeschraubte Bretter.

Dann ging es an den Bau der Terrassenflächen. Die Grafiken links zeigen das Konstruktionsprinzip. Palisadenhölzer von 70 mm Durchmesser und 500 mm

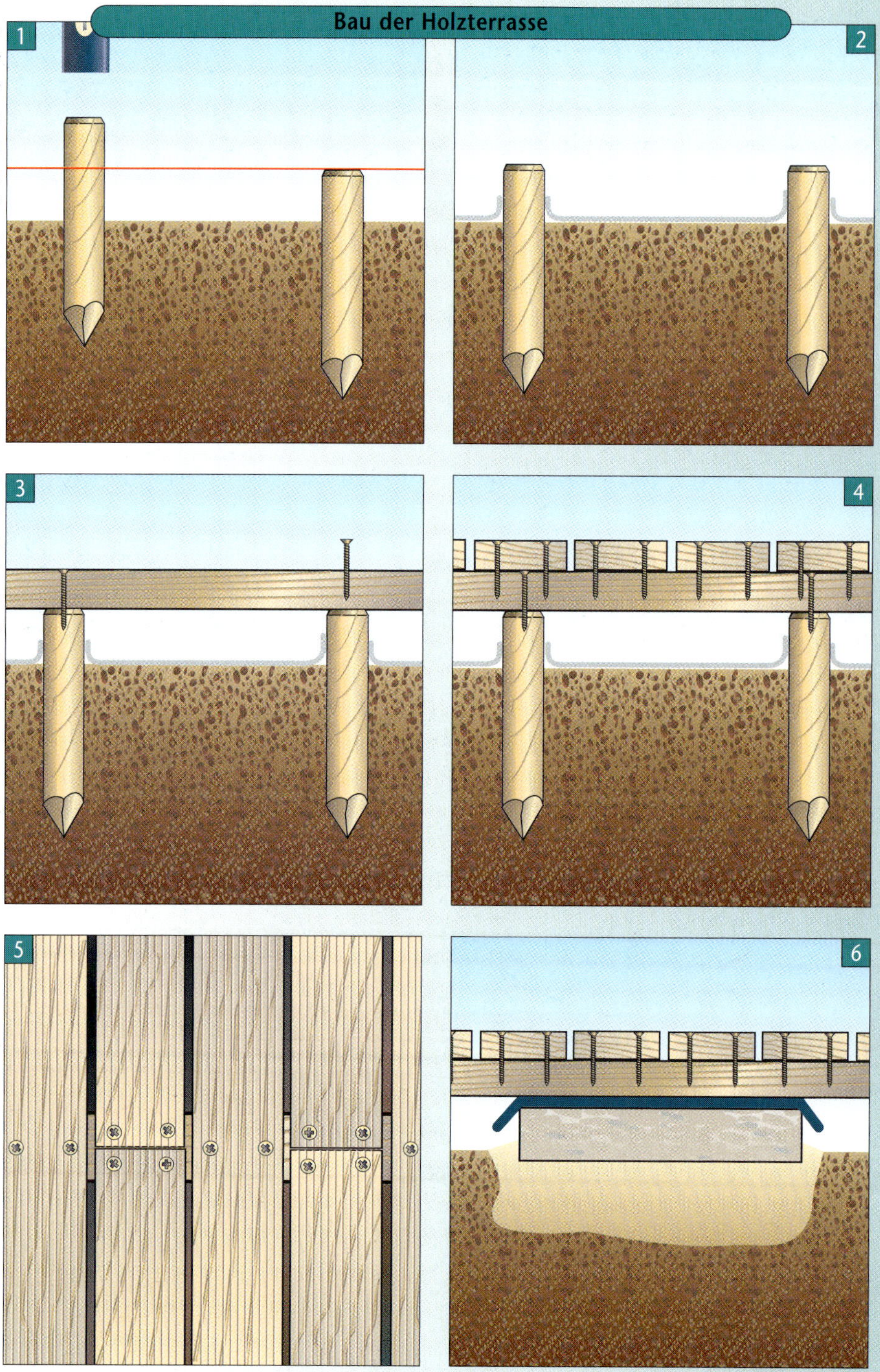

Mini-Palisaden werden als Traghölzer für den Unterbau der Holzterrasse in das Erdreich getrieben. An einer Schnur können Sie die Höhe der Hölzer ausrichten (1). Auf das Erdreich legt man eine gelochte Spezialmatte aus Kunststoff, die Regenwasser durchlässt, aber späteren Unkrautwuchs verhindert (2)

Auf die in gleicher Höhe befindlichen Palisadenköpfe werden nun 70 x 70 mm-Kanthölzer geschraubt, die als Lagerbalken für die Terrassenbretter dienen (3). Auf der so vorbereiteten Unterkonstruktion können Sie die Bretter verschrauben. Seitenabstände von 5 mm erlauben es dem Holz, sich bei Feuchtigkeit auszudehnen (4)

Immer dann, wenn die Bretter in der Länge gestoßen werden müssen, bildet man einen so genannten versetzten Verband. Die Schrauben bestehen aus Edelstahl (5). Alternative zum oben gezeigten Unterbau: Im Sandbett ausgerichtete Gehwegplatten mit einer Auflage aus Bitumenpappe gegen aufsteigende Bodenfeuchtigkeit (6)

Länge wurden auf gleiche Höhe in den verdichteten Füllkies getrieben, aus dem man die Terrasse angeschüttet hatte. Quer zur Hausachse wurden dann 70 x 70 mm starke Kanthölzer als Lagerbalken auf die Köpfe der Palisaden geschraubt. Nun mussten nur noch die Bodenbretter (25 x 145 mm) mit versetzten Stößen aufgeschraubt werden. Etwa 5 mm Abstand zwischen den Brettern gibt ihnen genug Spiel, um sich bei Durchfeuchtung ausdehnen zu können.

Die hölzerne Teichwand dient im Sommer als Sitzfläche direkt am Wasser

Wenn Sie den direkten Erdkontakt der hölzernen Unterkonstruktion vermeiden wollen, legen Sie die Lagerbalken auf Gehwegplatten, die im Sandbett ausgerichtet wurden, oder verwenden Sie einbetonierte Pfostenanker. Siehe dazu Seite 40 und 42.

Holz und Wasser bestimmen bei dieser Gartenanlage das Bild. Hier ein Blick auf die oberhalb des Teiches gelegene Terrasse

Bau der Pergola

Oberhalb des Gartenteichs wurde ein Holzdeck von nur einem Meter Breite angelegt, hinter dem sich eine Pergola mit drei großen Pflanzkästen und zwei dazwischen liegenden Sitzbänken erhebt. Von diesen beiden Bänken aus hat man einen herrlichen Blick auf die Wasserfläche. Gleichzeitig stellt die berankte Pergola (hier mit Feuerbohnen bepflanzt) einen Sichtschutz zum Nachbargrundstück dar.

Um der gesamten Konstruktion hohe Standfestigkeit zu verleihen, wurde an der Rückseite der Bänke ein über die gesamte Länge der Pergola reichendes Hochbeet angeschlossen. Imprägnierte Kanthölzer von 70 x 70 mm Stärke bilden hier das

Grundgerüst. An je vier senkrechten Konstruktionshölzern wurde die Beplankung für die Pflanzkästen verschraubt. Rückseitig gibt es eine durchgehende Holzwand, hinter der sich dann das einen Meter breite Hochbeet befindet.

Die Abstände der senkrechten Pfosten richten sich nach den Maßen der Rankgitter, die dazwischen eingefügt werden sollten: Im Bereich der Pflanzkästen sind das 60 cm breite Elemente, hinter den beiden Sitzbänken 180 cm breite Gitter. Wenn Sie keine fertigen Gitter verwenden wollen, können Sie hier natürlich auch individuelle Maße einplanen. Bei einer kleineren Pergola reichen auch zwei Pflanzkästen mit nur einer dazwischen liegenden Bank. Auch die Höhe der Konstruktion lässt sich beliebig einrichten. Unser Gartenbesitzer hat die Reiter der Pergola auf 210 cm gesetzt. Zuvor wurden in Längsrichtung zwei Lagerhölzer auf die Köpfe der Kanthölzer geschraubt. Die abgeschrägten Überstände der Balken und Reiter betragen etwa 30 cm.

Sobald die Pergola stand, ging es an den Bau der Sitzbänke. An den Innenseiten der Pflanzkästen und der rückseitigen Verbretterung wurden Kanthölzer als Tragrahmen für die aus je drei Bodenbrettern von 25 x 145 mm bestehenden Sitzflächen verschraubt. Zwei weitere Kanthölzer hinter der Sitzfläche bzw. auf Höhe der Rücklehnenoberkante dienen als Unterbau für die senkrechten Lehnenbretter.

Unter den beiden Bänken wurde der Boden zwischen Holzdeck und Pflanzkästen mit Pflastersteinen belegt, die beim Anlegen der Garageneinfahrt übrig geblieben waren. Sie können aber auch gewaschenen Kies auf der Fläche verteilen.

Die Sitzflächen der Bänke bestehen aus den gleichen Brettern wie die Terrassen

Die Pergola in der Seitenansicht. Nach hinten schließt sich ein Hochbeet an (unten)

Bau der Treppe

Wo die Terrasse unterschiedliche Höhen aufweist, müssen auch entsprechende Treppen eingeplant werden. Aus den Bohlen, die als Bodenbelag verwendet werden, lassen sich die Stufen im Nu bauen. Bei einem Niveau-Unterschied von knapp 60 cm zur hinteren Terrassenfläche mussten beispielsweise die Stufen etwas weniger als 20 cm hoch sein.

Also wurden Tragrahmen aus senkrecht gestellten Brettern zusammengeschraubt (14,5 cm hoch) und zunächst mit einer Lage aus quer liegenden Deckbrettern versehen. Als eigentliche Auftrittsfläche folgte dann eine weitere Brettlage, die rundum mit 30 mm Überstand befestigt wurde. Die Grafik zeigt, wie sich zwei solche Elemente zu einer Treppe mit 19,5 cm Stufenhöhe zusammenfügen.

Die Stufenhöhe misst genau 19,5 cm. Eine Bretthöhe plus zwei Brettstärken (oben). Schnitt durch die aus Bodenbrettern gebaute Treppe zur oberen Terrasse (rechts)

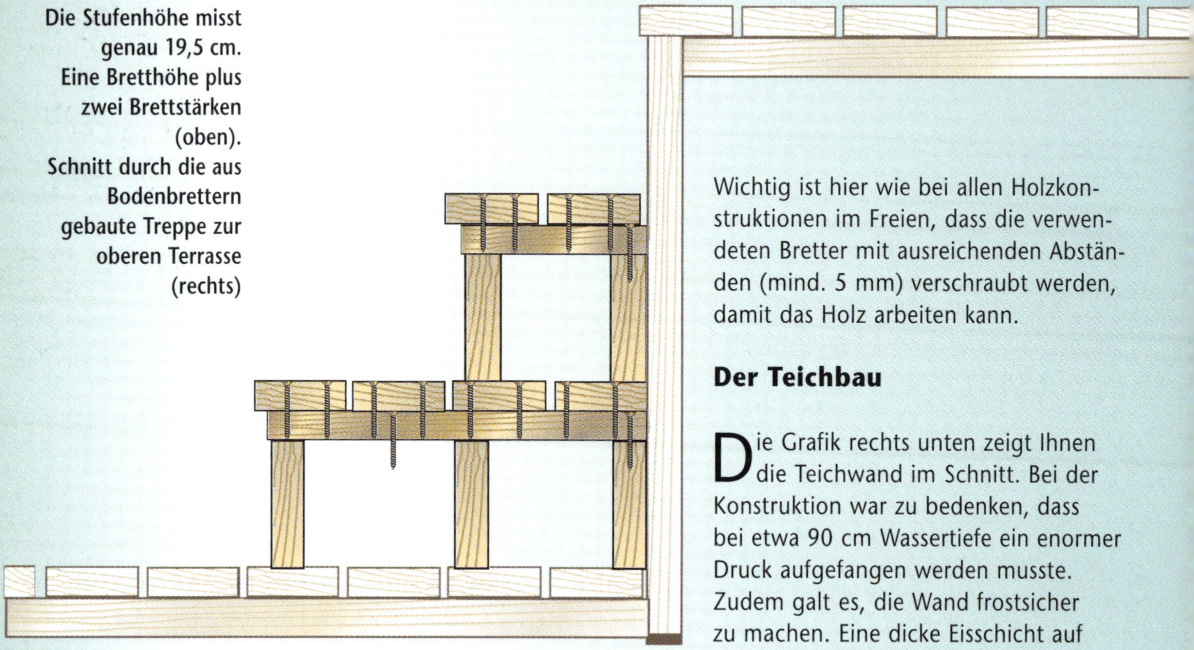

Wichtig ist hier wie bei allen Holzkonstruktionen im Freien, dass die verwendeten Bretter mit ausreichenden Abständen (mind. 5 mm) verschraubt werden, damit das Holz arbeiten kann.

Der Teichbau

Die Grafik rechts unten zeigt Ihnen die Teichwand im Schnitt. Bei der Konstruktion war zu bedenken, dass bei etwa 90 cm Wassertiefe ein enormer Druck aufgefangen werden musste. Zudem galt es, die Wand frostsicher zu machen. Eine dicke Eisschicht auf

Holz ist das dominierende Material bei der hier gezeigten Terrassengestaltung mit hochgelegtem Teich. Die kesseldruckimprägnierten Bretter besitzen eine gefräste Riffelung, die der Oberfläche Rutschfestigkeit verleiht. Die Stabilität der senkrechten Teichwände ist bei dieser Anlage besonders wichtig. Wenn man auf dem Rand sitzt, ist das Wasser zum Greifen nahe

dem Teich erzeugt gewaltigen Druck, der sich hier auf die Steilwände überträgt. Stabilität bei gleichzeitiger Elastizität war also gefragt.

Als Traggerüst wurden daher verzinkte Rohre (60 mm Durchmesser), wie sie für den Gerüstbau verwendet werden, in Abständen von 50 cm einbetoniert. Massive Gerüstdielen (30 mm dick) wurden dann innen und außen gegen die Rohre gelegt und miteinander verschraubt. Wenn man direkt neben den Rohren schraubt, ziehen sich die Bretter nicht zusammen.

Ein Bohlenstreifen von 90 mm Breite bildet die obere Abdeckung der tragenden Teichwand. Damit die Bohlen nicht feucht werden können, wurde an der

Schnitt durch die Teichwand

Der Aufbau der Teichwand im Schnitt: Das Traggerüst bilden einbetonierte Rohre. Innen und außen werden sie mit 30 mm dicken massiven Bohlen verkleidet

Arbeiten am Teich

Teichvlies schützt die Folie vor spitzen Steinen. Im Bereich der Wände wird das Vlies bis über die Hohlkehle gezogen, die die Bohlen gegen das Erdreich absperrt (1). Die Folie wird ausgebreitet. Das warme Sonnenlicht macht das 1 mm dicke Material weich und geschmeidig, sodass es sich den Konturen des Teichs gut anpasst (2)

Vorbereitete Kübel mit Seerosen werden noch vor dem Fluten auf die vorgesehenen Positionen gesetzt. Den übrigen Teichboden deckt man mit Kieselsteinen ab (3). Im Flachwasserbereich befinden sich Pflanzbeete aus Kies, der etwa 10 cm hoch eingefüllt und zum Steilufer hin durch eine Reihe Pflastersteine abgefangen wurde (4)

So liegt die Folie nach dem Befüllen des Teiches über dem Beckenrand. Auf dünnen Lagerhölzern befestigt man zuletzt die längsverlaufenden Sitzbretter (5). Die fertig gestellte Teichwand: Sie ist Stützmauer und Sitzfläche in einem. Im Eckbereich wurden die Deckbretter aus imprägniertem Holz verzahnt angeordnet (6)

Wasserseite eine Hohlkehle aus wasserdichtem Beton angelegt. Anschließend ging es dann ans Ausbreiten einer Vlieslage, die kleinere Unebenheiten des Untergrunds ausgleicht.

Auf das Vlies wurde dann direkt die Teichfolie (1 mm stark) gelegt. Für diese Arbeit ist ein warmer Sonnentag ideal, weil sich dann die Folie besonders leicht an die Teichkonturen anpassen und im Bereich der Innenecke falten lässt. Die Folie wurde über die Wände und die Teichränder gezogen und dann mit einer Randabdeckung versehen. Damit sie nicht reißt, darf sie erst nach dem Befüllen des Teiches durchbohrt werden. Die Steilwände bekommen eine Sitzauflage und an der Sichtseite eine senkrechte Beplankung.

Durch die auf zwei Seiten steil abfallenden Wände hat der Gartenteich eine relativ große Wassermenge. Das ist gut für das biologische Gleichgewicht

Wassergarten mit hochgelegtem Teich und Holzumrandung

Ähnlich wie beim zuvor gezeigten Garten bildet auch hier ein großzügig angelegter Teich den Mittelpunkt. Wo andere Gartenbesitzer auf Rasenflächen schauen, präsentiert sich ein Biotop mit üppigem Schilf, Seerosen und Schwärmen von Kleinfischen. „Rasen ist langweilig", meinen die Besitzer. „Ein Teich dagegen bietet immer wieder interessante Dinge zu beobachten." Neben den eingesetzen Fischen haben schon nach wenigen Wochen die ersten Frösche den Teich für sich erobert, Libellen und viele andere Insekten umschwirren die Wasserfläche bei schönem Wetter. Sogar ein Eisvogel hat sich schon am Teichrand gezeigt. Und das mitten in einem relativ eng bebauten Wohngebiet.

Die Zeichnung unten zeigt die Teichanlage mit den angrenzenden Holzpodesten in der Übersicht. Direkt an das rechts davon gelegene Haus schließt sich eine Holzterrasse an. Entlang der Hauswand wurde eine Sitzbank gebaut, die durch zwei Pflanzkästen unterbrochen wird. An der Stirnseite läuft die Sitzbank im rechten Winkel weiter und geht dann direkt in die Teichumrandung über. So kann man entlang der Wasserfläche sitzen und das Leben im Biotop ganz unmittelbar beobachten. An der sich im rechten Winkel anschließenden Flanke des Teiches wurden drei Pflanzbereiche in unterschiedlicher Höhe angelegt und teilweise mit

Die Gartenanlage in der Draufsicht. Rechts von der langen Holzterrasse schließt sich das Haus an. Auf dem unten dargestellten Weg gelangt man zum Carport, das sich links von der Zeichnung befindet

Terrassenbau

1 In Punktfundamente von etwa 60 cm Abstand eingelassene Pfostenschuhe dienen als Auflager für die Kanthölzer der Unterkonstruktion

2 Die Lagerbalken werden eingelegt, mithilfe der Wasserwaage ausgerichtet und dann verschraubt. Bei Längsstößen sorgen seitliche Metalllaschen für die Verbindung

3 Zum Beplanken des Holzdecks wurden Bretter von 27 x 145 mm verwendet. Edelstahlschrauben von 5 x 60 mm fixieren die Bretter

Obstbäumen bepflanzt. Neben den Pflanzbereichen führt ein Weg aus Holzbohlen zum Carport, das sich links von der Zeichnung anschließt. Auf der schräg verlaufenden Grundstücksgrenze steht ein Zaun aus Sichtschutzelementen, der gleichzeitig die obere Teichbegrenzung bildet. Hier liegt das Gelände etwa 50 cm höher. Dieser Höhenunterschied wird an den rechtwinkligen Flanken des Teiches durch die Holzumrandung ausgeglichen. Durch diesen Trick entstand ohne größere Erdarbeiten ein Teich mit durchgehend 50 cm Tiefe. In der Mitte wurde ein Teil der

Punktfundamente

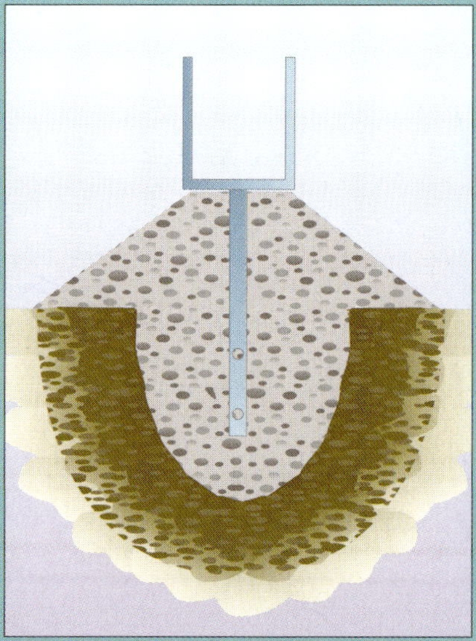

Wenn der Untergrund aus festem, „gewachsenem" Boden besteht, kann man die Punktfundamente gut wie in der Zeichnung oben dargestellt anlegen. Eine Mulde von etwa 25 cm Tiefe graben, mit Beton füllen und obenauf einen Hügel aus erdfeuchtem Beton formen. Der Fuß des Pfostenschuhs wurd dann eingesteckt. Man setzt die Schuhe etwas tiefer als ausgemessen, um beim Ausrichten der Balken noch etwas Spiel zu haben.

Fläche auf etwa 100 cm Tiefe ausgehoben. Das betreffende Erdreich konnte zur Ausbildung der Böschung an der schräg verlaufenden Grundstücksgrenze benutzt werden. Knapp 40 Kubikmeter Wasser fasst der Teich bei Höchststand. Bei diesen Dimensionen stellt sich leichter ein biologisches Gleichgewicht ein als bei einem kleinen Gewässer, das zwangsläufig viel stärkeren Temperaturschwankungen unterworfen ist.

Der Bau der Anlage begann mit dem Holzdeck an der Hausseite. Hier wurden Punktfundamente aus Beton gesetzt, in die Pfostenschuhe aus verzinktem Stahl eingelassen wurden. Wie bereits an anderer Stelle gezeigt, wären auch höhengleich ausgerichtete Gehwegplatten als Auflage möglich. Wichtig ist, dass man direkten Erdkontakt der Lagerbalken vermeidet. Das Holz sollte nach jedem Regen wieder gut abtrocknen können.

Unterkonstruktion und Beplankung bestehen aus kesseldruckimprägniertem Kiefernholz. Eine detaillierte Materialliste finden Sie auf Seite 64. An der Teichseite wurde aus Kanthölzern eine drei Lagen (27 cm)

Teichumrandung

1 Hier sieht man den Übergang von der einfachen Teichumrandung aus drei übereinanderliegenden Balken zur Sitzbank, die eine Lage höher ist

2 So zeigt sich die Konstruktion im Schnitt. Die Folie wird zwischen dritter und vierter Lage eingezogen

3 So setzt man die Balken aufeinander und verschraubt sie. Für die Auflage der Sitzbretter werden alle 60 cm kurze Querriegel eingefügt

hohe Umrandung gebaut. Die Balken dazu einfach bündig aufeinanderlegen und mit langen Schrauben von mindestens 140 mm verbinden. Die Fotos und Zeichnungen auf der vorhergehenden Seite zeigen die Konstruktion im Detail. Die Sitzbank am Teichrand ist um eine weitere Balkenlage erhöht. Sie stellt eine Kastenkonstruktion mit Querriegeln in der vierten Balkenlage dar, die dann mit drei Längsbrettern abgedeckt wurde. Wie die beiden Pflanzkästen und die Bänke am Haus gebaut wurden, zeigt die Zeichnung unten.

Sitzbänke

1 Der ideale Sitzplatz, um das vielfältige Leben im Teich aus unmittelbarer Nähe zu beobachten

2

3 Die Sitzbank am Teich wird um die Stirnseite der Holzterrasse weitergeführt bis an die Hauswand (2). Hier schließt sich auf der Gegenseite der erste Pflanzkasten an (3)

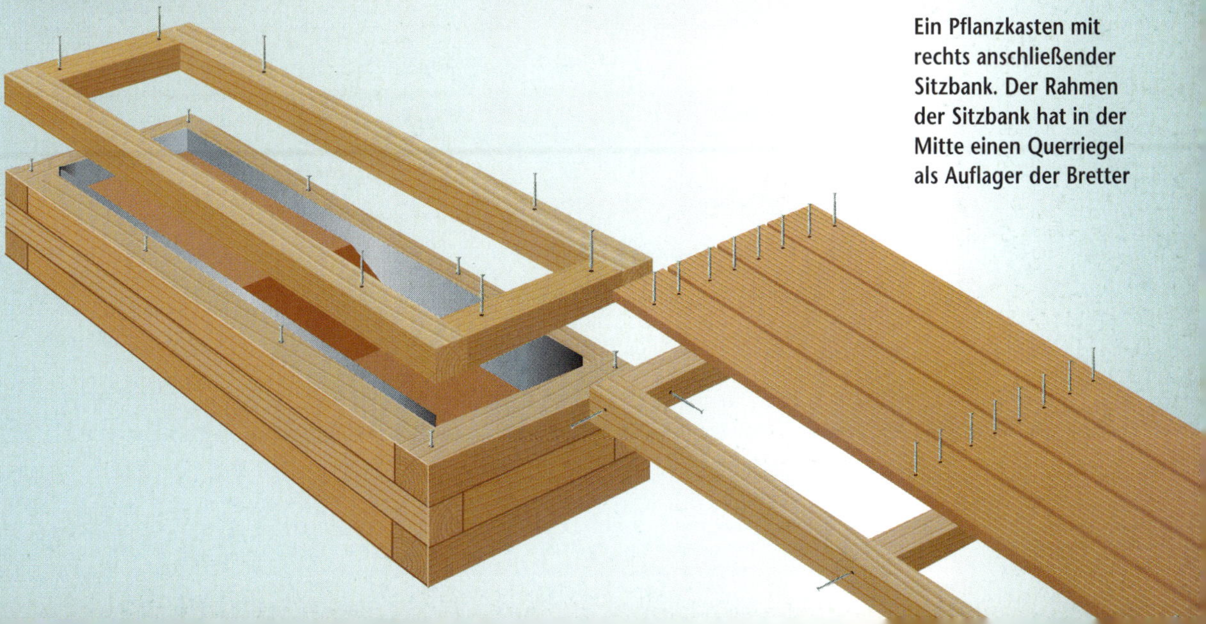

Ein Pflanzkasten mit rechts anschließender Sitzbank. Der Rahmen der Sitzbank hat in der Mitte einen Querriegel als Auflager der Bretter

Materialliste für Holzterrasse, Teichumrandung, Sitzbänke und Pflanzkästen

Alle Hölzer Kiefer druckimprägniert:
(1) Holzterrasse: Unterbau: ca. 40 lfd. m Kanthölzer 90 x 90 mm; Beplankung: 51 Bretter, 27 x 145 mm, 3 m lang
(2) Teichumrandung: Einfache Wand (aus 3 Kanthölzern übereinander) 9,9 lfd. m Kanthölzer 90 x 90 mm, Abdeckbrett 27 x 145 mm, 3,1 m lang
(3) Erhöhte Sitzbank: ca. 42 lfd. m Kanthölzer 90 x 90 mm; 14,1 lfd. m Abdeckbretter 27 x 145 mm
(4) Sitzbank Stirnseite: Unterkonstruktion: ca. 6 lfd. m Kanthölzer 90 x 90 mm; 4 Abdeckbretter 27 x 145 mm, je 2 m lang
(5) Sitzbank Ecke: Unterkonstruktion: ca. 3,5 lfd. m Kanthölzer 90 x 90 mm; 4 Abdeckbretter 27 x 145 mm, je 1,25 m lang
(6) 2 Pflanzkästen: ca. 18,5 lfd. m Kanthölzer 90 x 90 mm
(7) Sitzbank zwischen den Pflanzkästen: Unterkonstruktion: ca. 5 lfd. m Kanthölzer 90 x 90 mm; 4 Abdeckbr. 27 x 145 mm, je 1,7 m lang
(8) Teichrand Beetseite: ca. 23,5 lfd. m Kanthölzer 90 x 90 mm; Abdeckbrett 27 x 145 mm, 7,8 m lang
(9) Teichrand Carportseite: ca. 10 lfd. m Kanthölzer 90 x 90 mm; Abdeckbrett 2,5 m

Nachdem die Holzarbeiten abgeschlossen waren, ging es ans Anlegen des Teiches. An der Unterkante der Holzumrandung wurde zunächst eine Hohlkehle aus wasserdichtem Beton angelegt. Hier gilt wieder die Regel, dass das Holz nach Möglichkeit keinen direkten Erdkontakt haben soll. Wo in den Teichecken Böschungen angelegt werden sollten, hat man die Holzbalken zum gleichen Zweck mit Teichfolie abgedeckt. Dann kam auf den sorgfältig modellierten und geglätteten Teichboden eine Lage Teichvlies als Schutz für die 1 mm dicke Teichfolie.

Teichbau

1 Hier wird der Teichboden modelliert und geglättet. Der Aushub der Tiefwasserzone in der Mitte wurde für die Böschung links im Bild verwendet

2 Damit das Holz der Umrandung keinen direkten Erdkontakt bekommt, wurde an der Böschung zuvor ein Stück Teichfolie zwischengelegt

3 Sind Steine und Wurzeln entfernt, legt man zum Schutz der Folie eine Lage Teichvlies aus

Teichbau-Materialien

A

B

Neben der eigentlichen Teichfolie braucht man Vlies (A), das die Folie vor scharfen Steinen und Wurzeln schützt. Das Material wird als Rollenware, meist 2 m breit, angeboten. Spezielle Uferbepflanzungsmatten aus Jute oder Kokosfasern (B) bieten den Teichpflanzen optimalen Halt zum Anwachsen. Sie werden überall dort verwendet, wo an Böschungen Kies oder Sand als Bodengrund abrutschen würde. Die Matten gibt es als Rollenware in 1 m Breite. Daneben werden auch Pflanztaschen zum Einfüllen von Teicherde angeboten.

Statt Teichvlies können Sie auch Teppichbodenreste auslegen. Selbst alte Zeitungen eignen sich als Polster für die Folie (4). Zum Ausbreiten der Folie braucht man mehrere Helfer (5)

Als Bodengrund wird eine Lage Sand oder Betonkies auf die Folie gegeben (6). Auf die Böschungen kommen spezielle Uferbepflanzungsmatten (7)

Der Tiefwasserbereich ist abgedeckt (8). Nun wird auch der Randbereich mit Kies bedeckt und langsam das Wasser eingelassen. Die Seerosen werden in große Mörtelkübel gepflanzt (9)

Die mit großzügigem Übermaß bestellte Folie wird am besten an einem warmen Tag verlegt. Dann ist das Material besonders weich und passt sich sehr gut dem jeweiligen Teichprofil an. Bei den hier vorliegenden Dimensionen waren vier Personen erforderlich, um die Folie ausbreiten und glattziehen zu können.

Vom Tiefwasserbereich in der Teichmitte aus wurde vorsichtig Betonkies als Bodengrund eingefüllt. Die Kiesschicht sollte etwa 10 cm dick sein. Auf die Böschung des Tiefwasserbereichs und den flachen Rand an der Grundstücksgrenze kamen spezielle Uferbepflanzungsmatten, um den Unterwasser- bzw. Uferpflanzen auch dort Halt zu bieten. Damit die Seerosen sich nicht unkontrolliert ausbreiten können, wurden Sie in große Mörtelkübel gepflanzt, die auf dem Teichboden stehen.

Zuletzt wurde Wasser eingelassen, die Teichumrandung mit Deckbrettern versehen und die überstehende Folie abgeschnitten. An den Steilwänden empfiehlt es sich, Bruchsteine aufzuschichten, mit denen die Folie vor UV-Strahlung geschützt wird.

Blick vom Dach des Carports auf die Teichfläche und die Holzterrasse an der gegenüberliegenden Hauswand

Holzbrücke für Teiche oder Bachläufe im Garten

Oft bietet es sich an, einen Teich oder Bachlauf so anzulegen, dass der Weg durch den Garten die Wasserfläche kreuzt. In diesem Fall muss eine passende Brücke her. Liegt das Wasser ein gutes Stück unter dem Bodenniveau, ist ein entsprechender Steg leicht gebaut. Man legt zwei tragende Balken auf geeignete Fundamente (z. B. Gehwegplatten oder Punktfundamente mit Pfostenschuhen), schraubt Querbretter darauf, und schon ist die Brücke begehbar. Falls gewünscht konstruiert man noch ein einseitiges oder zweiseitiges Geländer. Dazu werden senkrechte Pfosten an die Lagerbalken geschraubt und ein Handlauf befestigt.

Besonders elegant wirken allerdings leicht nach oben gewölbte Brücken. Hierzu braucht man entsprechend geschweifte Lagerbalken. Diese werden aus schichtverleimtem Holz hergestellt. Man findet solche Balken im Sortiment großer Anbieter von Gartenhölzern. Die passenden Auflagebretter und den Handlauf kann man sich selbst zuschneiden.

Montageschritte

1 Das Material für den Brückenbau: links der Handlauf mit den senkrechten Pfosten, in der Mitte die beiden geschweiften Brückenbalken und rechts die Bohlen zum Ablängen der Bodenbretter

2 Die Breite der Brücke kann individuell angepasst werden. Bei Bodenbrettern von 25 mm Dicke sollte aber eine Breite von 100 cm nicht überschritten werden. Die Bretter werden entsprechend abgemessen und angerissen

3 Eine Kapp- und Gehrungssäge ist das ideale Werkzeug zum Ablängen der Bretter. Ein guter Fuchsschwanz oder eine Stichsäge sind aber ebenfall geeignet

Auf der Oberseite der Brückenträger zeichnet man den Scheitelpunkt an und markiert nach beiden Seiten hin die Positionen der Bodenbretter

Mit etwa 2 cm seitlichem Überstand werden die Bretter befestigt. Man kann von oben durchschrauben. Eleganter wirkt aber die unsichtbare Befestigung von unten mit verzinkten Metallwinkeln

Selbstschneidende Holzschrauben werden mit dem Akkuschrauber eingedreht. Der Abstand der Bretter soll etwa 5 mm betragen

Auflagepunkte

Vor dem jeweiligen Ende des Pflasterweges werden Auflagepunkte für die Enden der Brückenträger betoniert. Man gräbt etwa 30 cm tiefe Löcher (A), füllt etwas Beton ein und stellt einen Pflasterstein senkrecht in den Beton. Dann das Loch mit weiterem Beton füllen (B) und oben schließlich einen zweiten Pflasterstein in der gewünschten Höhe ausrichten (C).

Wer ganz auf Nummer Sicher gehen will, kauft sich einen kompletten Bausatz für eine Brücke und schraubt die Teile dann nur noch zusammen.

Im hier gezeigten Montagebeispiel wurden Brückenbögen und Handlauf fertig gekauft und die Bodenbretter passend dazu zugeschnitten. Das Material ist witterungsbeständiges Holz. Es braucht keine Schutzlasur. Nur zur optischen Auffrischung kann man das Holz lasieren, wenn es mit der Zeit ein wenig grau geworden ist.

7 Fixieren kann man die Brücke durch Holzschrauben, die man einbetoniert. Wird der Antritt der Brücke nicht eingelassen, muss man Holzlaschen anschrauben, auf die dann niedrigere Antrittsbretter kommen

8

9 Die Pfosten für den Handlauf bestehen aus drei Teilen (8). Stockschrauben mit rechts und links gleichgehendem Gewinde dienen zur unsichtbaren Verbindung der Elemente (9)

10

11 Sicheren Halt am Boden bekommt der Handlauf durch einbetonierte Pfostenschuhe (10). Man schiebt die Pfosten ein, richtet sie aus und verschraubt sie dann (11). Zuletzt wird nur noch der Handlauf aufgelegt und von oben mit Schrauben fixiert

Pflanzkästen für den Garten bauen

Rund um das Haus soll es grünen und blühen. Glanzpunkte setzen attraktiv bepflanzte Kästen, die man mit wenig Aufwand selbst bauen kann

Aus Holzresten können Sie praktische Pflanzkästen bauen

Wenn Gartenanlagen mit Holz gestaltet werden, bietet es sich an, auch Pflanzkästen aus Holz zu bauen. Viele Hersteller bieten Bausätze aus Kanthölzern an, die man einfach aufeinander legt und verschraubt. Im Bereich der Ecken verzahnen sich die unterschiedlich langen Hölzer miteinander.

Nach dem gleichen Bauprinzip können Sie auch Ihre eigenen Pflanzkästen konstruieren. Wie die Bilder auf der folgenden Seite zeigen, lassen sich so beliebig große Pflanzkästen in eine Holzterrasse integrieren. Die Innenwände werden mit Bitumenpappe oder besser noch mit 1 mm dicker Teichfolie ausgeschlagen, damit das Holz keinen direkten Erdkontakt hat.

Sind Bretter vom Bau einer Holzterrasse übrig geblieben, bieten sich auch diese Reste für den Bau von Pflanzkästen an. Je drei Bretter für den Boden und die vier Wände sowie vier Verbindungsbretter und drei Auflagebohlen – mehr brauchen Sie nicht. Die Fotos rechts zeigen die Arbeitsschritte. Ein senkrecht angeordnetes innen liegendes Brett verbindet die Bretter einer Kastenseite. Daran werden dann stumpf die drei Seitenbretter angeschraubt. Ist der Kasten montiert, schrauben Sie drei dickere Bohlenreste als Lagerhölzer gegen die Unterseite.

Innen wird der Kasten mit Teichfolie ausgeschlagen, die am Boden mehrere Abzugslöcher für überschüssiges Wasser erhält. So kann sich keine Staunässe bilden. Zum Schluss schrauben Sie eine Abdeckleiste auf den oberen Rand und schneiden die überschüssige Folie ab.

Arbeitsschritte

1 Die Schraublöcher im Randbereich werden vorgebohrt und angesenkt

2 Hier werden die letzten Bretter der Vorderseite des Pflanzkastens verschraubt

3 Angetackerte Teichfolie schützt die Bretter vor direktem Kontakt zur Pflanzerde (3). Efeu rankt aus diesen beiden Pflanzkästen und bedeckt das Mauerwerk dahinter (unten)

Aufbauschritte

1 Auf dem Rand der Terrassenaussparung werden die Kanthölzer verschraubt

2 Im Eckbereich sind die Hölzer verzahnt. Innen wird der Kasten mit Folie isoliert

3 Nun wird Gartenerde eingefüllt, die man mit etwas Torf oder Humus auflockert. Hier wurden zwei Weinstöcke eingepflanzt, die an einem Gitter hochranken sollen

In eine Holzterrasse integrierte Pflanzkästen

Den hier gezeigten Pflanzkasten haben Sie schon auf Seite 63 gesehen. Er besteht aus 90 x 90 mm starken Kanthölzern die einfach lagenweise aufeinandergeschraubt werden.

Entsprechend der vorgesehenen Größe des Pflanzkastens werden die Kanthölzer mit dem Fuchsschwanz oder einer Stichsäge abgelängt. Beim Einsatz der Stichsäge ein extra langes Sägeblatt wählen und von allen vier Seiten wechselseitig sägen. So entsteht ein genau winkliger Schnitt. Um die 140 mm langen Schrauben eindrehen zu können, braucht man eine Bohrmaschine mit mindestens 600 Watt Leistung. Die meisten Akkuschrauber sind damit überfordert.

Auf der Innenseite des Kastens angenagelte Teichfolie schützt das Holz vor direktem Erdkontakt und damit vor Fäulnis. Nehmen Sie am besten verzinkte Dachpappenstifte, um die am Rand nach innen umgeschlagene Folie zu fixieren.

Steht der Kasten auf der Sonnenseite, bietet sich die Bepflanzung mit mediterranen Kräutern an wie Rosmarin, Thymian, Salbei, Lavendel etc.

Frühlings-Blumenkasten

Ostern ist die Zeit der ersten Frühlingsblumen. In einem pfiffigen Blumenkasten kommen sie besonders gut zur Geltung. Der Holzkasten wird so groß gebaut, dass ein Kunststoffblumenkasten genau hineinpasst. Sie brauchen dazu insgesamt fünf Hobelbretter aus Fichte oder Tanne von 20 mm Dicke.

Hier die Maße:
64 x 15 cm (2 Mal), 17,5 x 15 cm (2 Mal) und 64 x 28 cm (1 Mal).
Um die beiden Hasen auszuschneiden, werden noch zwei Brett-Rohlinge von 20 x 20 cm benötigt. Dazu kommen weitere Reststücke für die 12 Tulpenblüten und ein 150 cm Rundstab (8 mm) aus Buchenholz für die Stiele.

Die Bretter des Kastens werden miteinander verschraubt. Dann schneidet man die Hasen und die Tulpenblüten mit einer Laub- oder Stichsäge aus. Die braun angestrichenen Hasen leimen Sie flach auf die Kastenvorderseite. Die bunten Blüten werden auf verschieden lange Stäbe gesteckt und in Bohrlöcher geleimt.

Arbeitsschritte

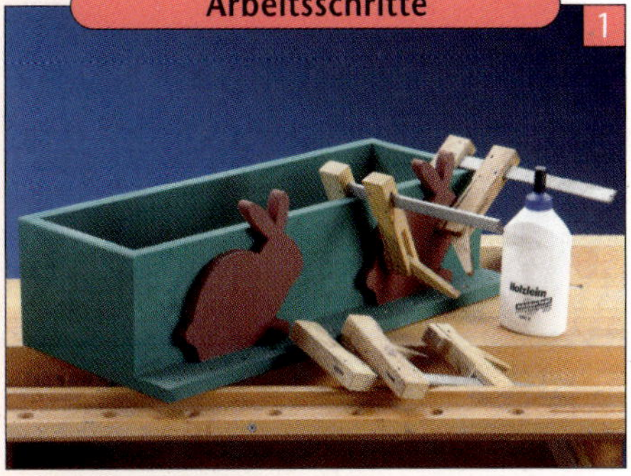

1 Ist der Kasten verschraubt, lackiert man ihn grün und leimt die beiden Hasen an die Vorderseite

2 Ein normaler Kunststoffblumenkasten passt genau in die Öffnung hinein

3 Die Tulpenblüten werden von unten angebohrt, ebenso das vorstehende Brett des Kastens. Zuletzt stecken Sie die Blumen zusammen und leimen sie in die Löcher ein

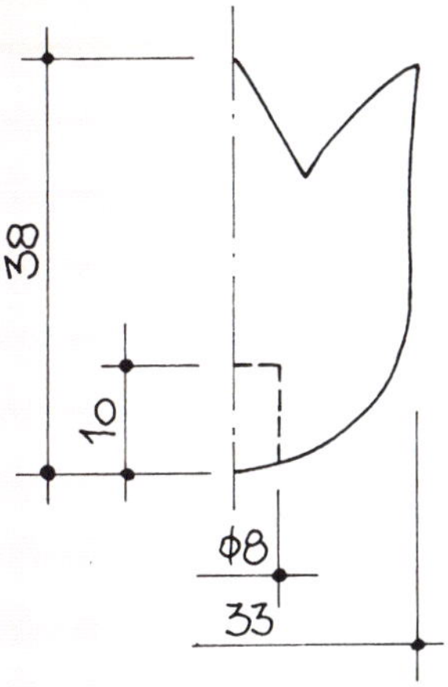

Die Kästchen des Rasters unter dem Hasen messen im Original 4 x 4 cm. Bei der Tulpenblüte sind die Maße angegeben

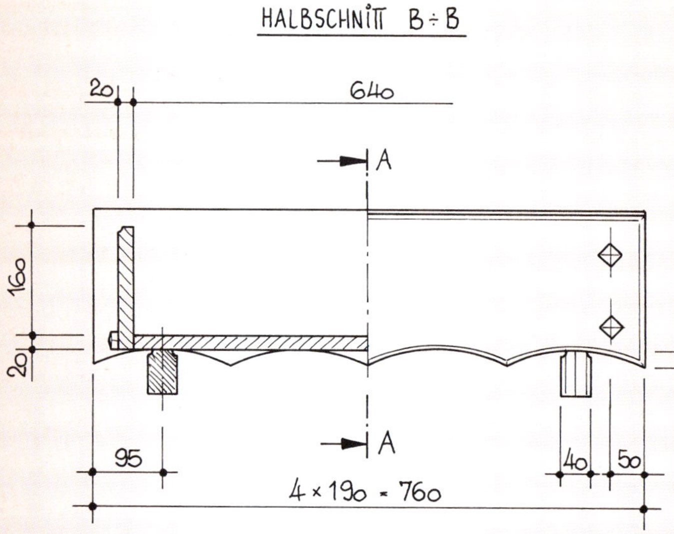
HALBSCHNITT B÷B
20
640
A
160
20
95
A
40
50
4×190 = 760
20

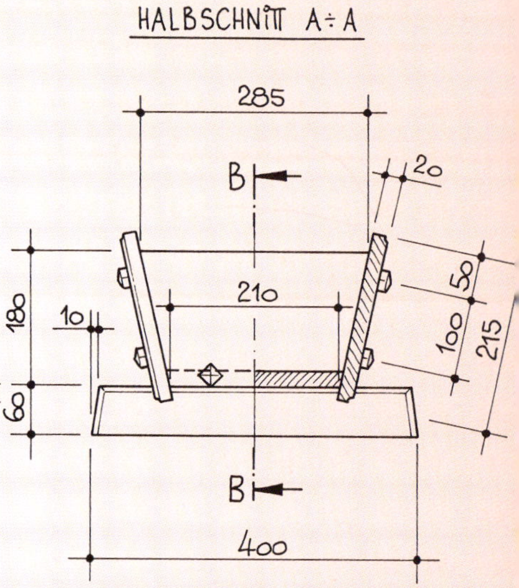
HALBSCHNITT A÷A
285
B
20
180
10
210
50
100
215
60
B
400

Freistehender Pflanzkasten

Ein solcher Pflanzkasten findet überall einen schönen Platz. Man kann das ganze Jahr über wechselweise Blühpflanzen einsetzen oder ihn auch dauerhaft bepflanzen.

Der Nachbau ist im Nu geschafft. Sie schneiden die laut Materialliste notwendigen Teile aus gehobeltem Kiefernholz zu, versehen die Längswände unten mit den je vier Bögen und profilieren dann die Vorderkanten der Längswände und die Oberkante der Stirnwände mit einem Viertelstabfräser. Ebenso werden die Kufen verziert, die man aus zwei Lagen zusammenleimt. Den Kasten innen mit Folie ausschlagen und im Kieferton lasieren.

Material: Kiefer massiv, 20 mm dick
1 Bodenplatte 640 x 220 mm
2 Längswände 760 x 215 mm
2 Stirnwände 285 x 185 mm
2 Kufen 400 x 60 mm (je 2 Lagen)
dazu: 12 Zierkappen
Kiefer 20 x 20 x 13 mm
Spanplatten-Schrauben
wasserfester Holzleim

Arbeitsschritte

1 Mit der Stichsäge werden die Konturen der Unterkanten der beiden Längswände ausgeschnitten

2 Mit der Oberfräse und einem Viertelstabfräser mit Anlaufzapfen profiliert man die nach vorn weisenden Kanten der beiden Längswände

3

4 Je zwei versenkte Schrauben verbinden die stumpf zusammengefügten Längs- und Stirnwände sowie die Stirnwände mit der Bodenplatte (3). Der Boden wird mit den beiden Kufen verschraubt. Zuletzt deckt man die Schraublöcher mit angeleimten Zierkappen ab (4)

HALBSCHNITT B÷B

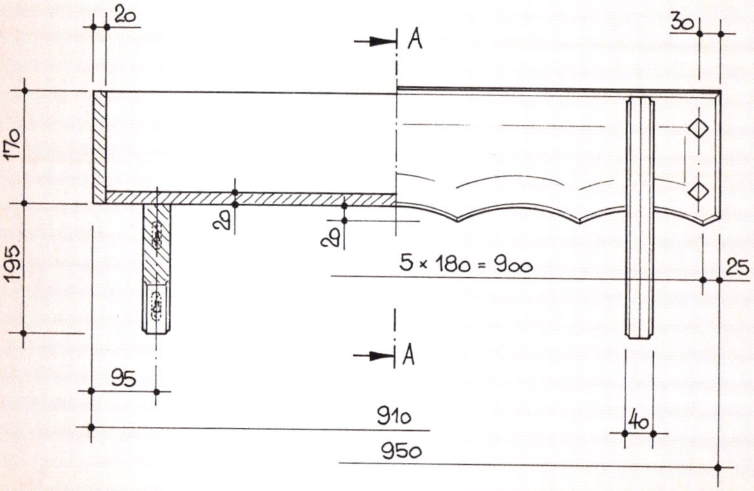

SCHNITT A÷A

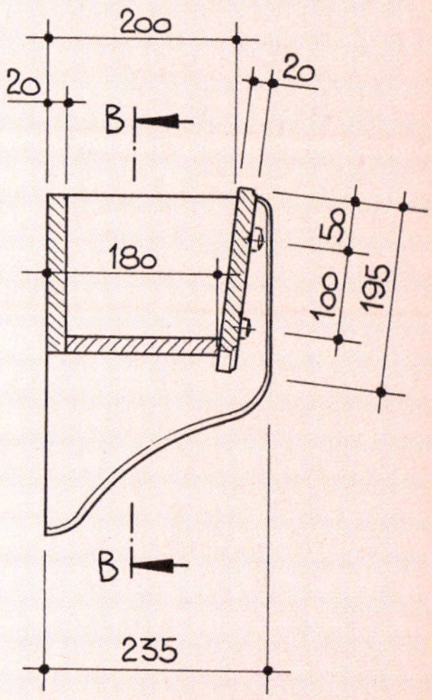

Hängender Pflanzkasten

Eine Zierde für jedes Fenster stellt dieser hängende Pflanzkasten dar. Man kann ihn aber auch an jede Haus- oder Garagenwand hängen.

Das Bauprinzip ähnelt dem des freistehenden Pflanzkastens, den Sie auf den vorhergehenden Seiten kennen gelernt haben. Hier sollten Sie sich, wie in den Arbeitsfotos gezeigt, zwei Schablonen aus Sperrholz anfertigen, die dann zum Anzeichnen der Konturen bzw. zum Führen der Oberfräsde genutzt werden.

Sind die Teile vorbereitet, schraubt man sie stumpf zusammen und verdeckt die Schraublöcher wieder mit Zierkappen, die vorn vierseitig angeschrägt wurden.

Material: Kiefer massiv, 20 mm dick
1 Frontblende 950 x 195 mm
1 Rückwand 870 x 170 mm
2 Stirnwände 200 x 180 mm
1 Bodenplatte 870 x 180 mm
2 Konsolen 370 x 235 mm
(Zirka-Maße, je 2 Lagen)
dazu: 4 Zierkappen
Kiefer 20 x 20 x 30 mm
2 Paar Bettbeschläge ca. 40 x 15 mm
Spanplatten-Schrauben
wasserfester Holzleim

Arbeitsschritte

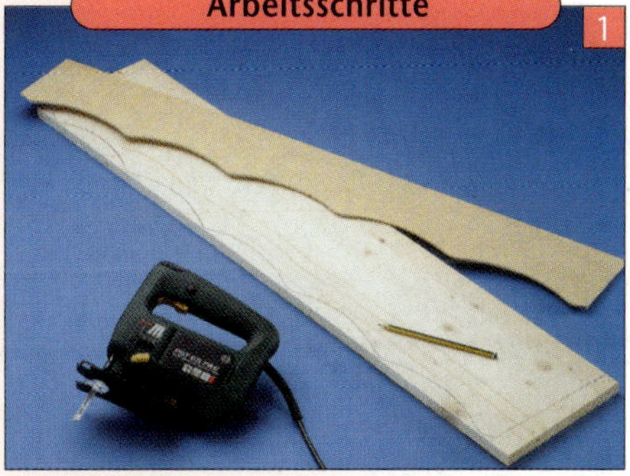

1 Mithilfe einer Sperrholzschablone lassen sich die Umrisse der Frontblende sauber aufzeichnen und mit der Stichsäge ausschneiden

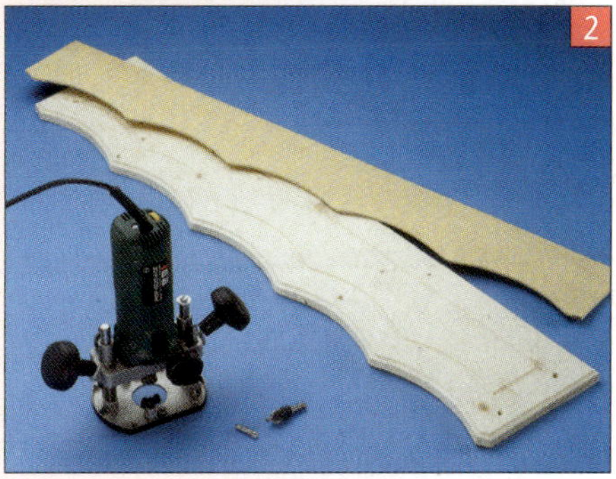

2 Mit der Oberfräse und einem Viertelstabfräser profiliert man die Vorderkanten. Geführt an der Schablone fräst man mit einem Halbrundfräser das Zierprofil in die Frontblende

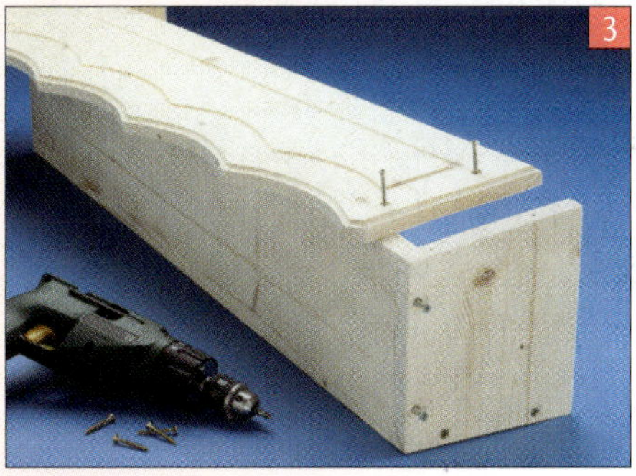

3 Sind auch Rückwand, Stirnwände und Bodenplatte zugeschnitten, verbindet man die Teile stumpf mittels eingelassener Holzschrauben

4

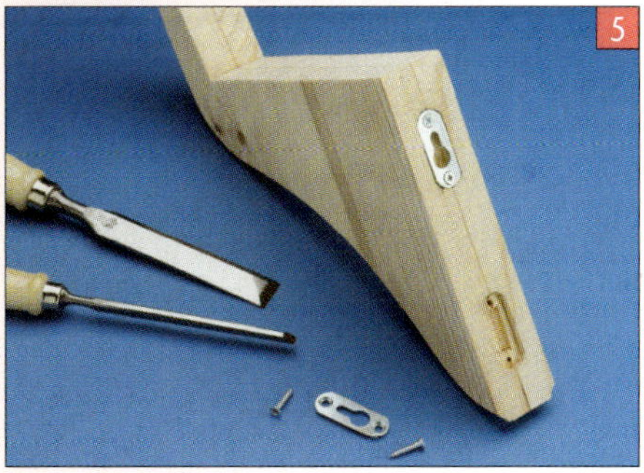

5 Mit einer weiteren Schablone werden die Konsolen ausgeschnitten und aus je zwei Lagen verleimt (4).
Zum Aufhängen werden an den Wandseiten je zwei Bettbeschläge eingelassen (5)

Attraktive Pflanzkübel

Wir zeigen hier zwei Pflanzkübel aus gebeiztem bzw. lackiertem Holz, die die üblichen tristen Pflanzgefäße aus schwarzem Kunststoff elegant verdecken. In beiden Fällen handelt es sich um Kastenkonstruktionen, deren Grundgerüst vier Pfosten bilden. Bei dem zweifarbig angelegten „Zaunkübel" sind es kleine Palisadenzäune, mit denen die Ecken verbunden sind. Man schneidet zunächst die Pfosten aus Kiefernholz auf Maß und schrägt dann die oberen Enden durch vier 30-Grad-Schnitte ab. Schon vorher sollte man die Sachlöcher bohren, in denen später die Zapfen der Zierkugeln sitzen. Im nächsten Schritt werden dann die Schlitze für die Zapfen der acht Querträger gefräst. Die wechselweise geraden und gerundeten Wandleisten werden wie die Pfosten verschiedenfarbig gebeizt und

Zaunkübel

1 Die Spitzen der Pfosten werden im 30-Grad-Winkel angeschrägt. Vorher bohrt man die Löcher für die Dübel der Zierkugeln

2 Mit einem Nutfräser stellt man die insgesamt 16 Nuten zur Aufnahme der Querträger her

3

4 An die Querträger werden passende Zapfen geschnitten, die man in die Nuten einleimt

5

6 Die 12 halbrunden Wandleisten rundet man mit der Stichsäge ab (5). Mittels wasserfestem Leim und Schrauben werden Querträger und Wandleisten verbunden (6)

Weißer Kübel

Pfosten und Rahmenleisten erhalten Nuten zur Aufnahme der Seitenwände aus Sperrholz

Die Oberseiten der Pfosten versieht man zunächst mit Bohrungen für die Dübel der Zierkugeln. Dann werden ihre Köpfe abgerundet

Mit wasserfestem Leim verbindet man Pfosten, Rahmenleisten und Seitenteile

Der Boden aus wasserfestem Sperrholz bekommt Bohrungen, die als Wasserabzüge dienen. Gilt für beide Kübel

dann an die Querleisten geschraubt und geleimt. An die unteren Querträger kommen auch die Leisten, auf denen der Boden ruht. Die ganze Konstruktion mit farbloser Wetterschutzlasur behandeln.

Beim Bau des weißen Pflanzkübels werden die oberen Enden der vier Pfosten mit einer Bohrung für die Zierkugel versehen und dann mit der Raspel abgerundet. Dann schneidet man die acht Rahmenleisten sowie die vier Seitenwände zu. Mit einem 6-mm-Nutfräser versieht man die Rahmenleisten an der Innenseite sowie die Pfosten mit einer mittig verlaufenden Nut. Das Verleimen vollzieht sich in zwei Schritten. Zuerst Rahmenleisten und Seitenteile unter Leimzugabe zusammenstecken. Das Sperrholz muss seitlich 10 mm überstehen. Dieser Überstand wird dann in die Nuten der Pfosten geleimt. Zuletzt den Kübel weiß lackieren.

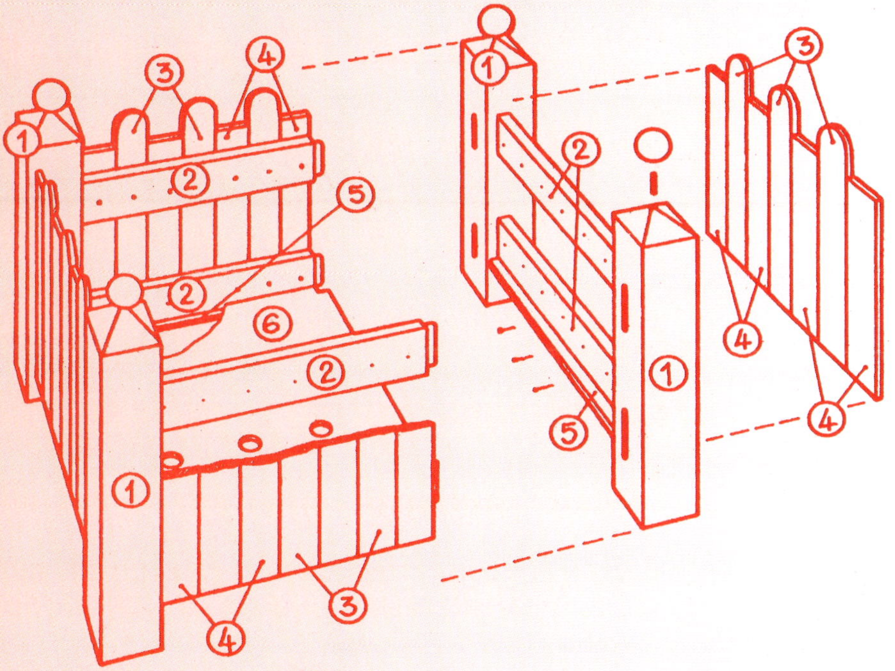

Material zweifarbiger Pflanzkübel:
① 4 Pfosten, 480 mm lang, Kiefer 70 x 70 mm;
② 8 Querträger, 390 mm lang, Kiefer 70 x 20 mm;
③ 12 Wandleisten, 420 mm lang, Kiefer, je 50 x 12 mm;
④ 16 Wandleisten, 370 mm lang, Kiefer, je 50 x 12 mm;
⑤ 4 Trägerleisten, 345 mm lang, Kiefer, 35 x 10 mm;
⑥ 1 Boden, 388 x 388 mm, Sperrholz, 10 mm

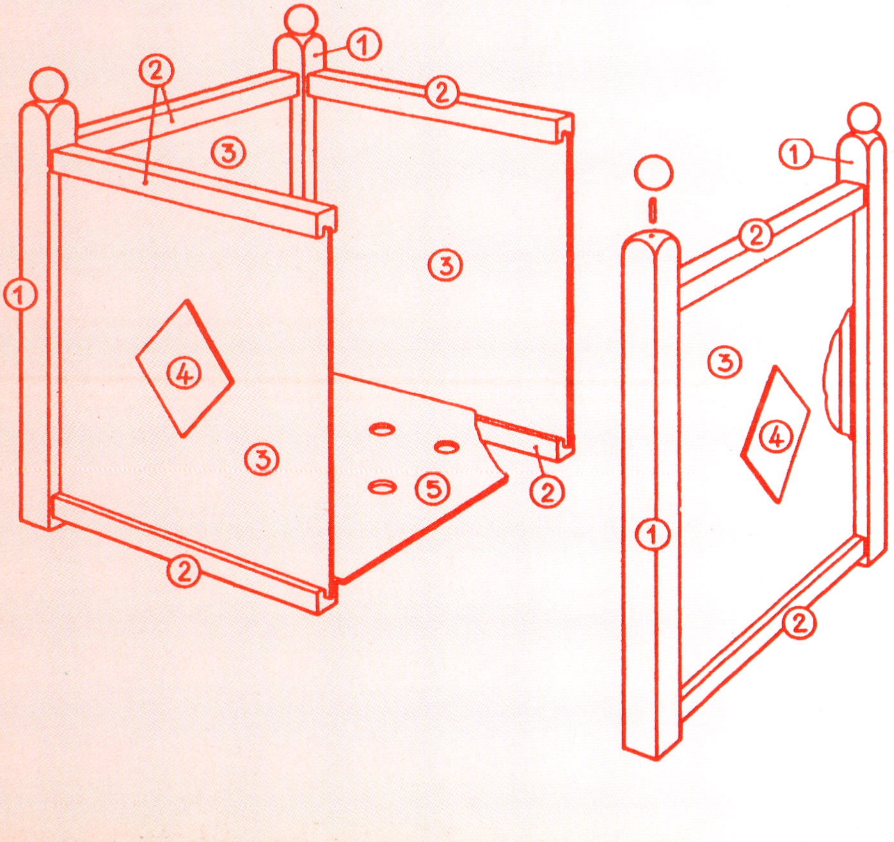

Material weißer Pflanzkübel:
① 4 Pfosten, 500 mm lang, Kiefer 45 x 45 mm;
② 8 Rahmenleisten, 350 mm lang, Kiefer 35 x 30 mm;
③ 4 Seitenwände, 390 x 370 mm lang, Sperrholz, je 6 mm dick;
④ 4 Verzierungen, 160 x 120 mm lang, Sperrholz, je 6 mm dick;
⑤ 1 Boden, 387 x 387 mm lang, Sperrholz, 10 mm dick

Spielen im Garten

Für Kinder gibt es nichts Schöneres als im Garten zu spielen. Wenn genug Platz vorhanden ist, kann zum Beispiel ein Spielturm mit Rutsche aufgestellt werden

Ein fertig gekaufter Spielturm mit Leiter und Rutsche

Unterschätzen Sie niemals die Kraft und Hartnäckigkeit, mit der Kinder die Stabilität von Spielgeräten auf die Probe stellen. Spielhäuser, Rutschen und Ähnliches müssen daher mehr als solide konstruiert werden.

Am besten kauft man Geräte als vorgefertigten Bausatz, den man nur noch selbst montiert. Bei Bausätzen sollte man darauf achten, dass die Sicherheit der Kinder, die das Gerät nutzen werden, gewährleistet ist. Seit 2004 werden Spielgeräte vom TÜV geprüft. Das Spielgerät sollte stabil verankert und aufgebaut werden, die Standfestigkeit und alle Verbindungen sollten regelmäßig sorgsam kontrolliert und ggf. nachjustiert werden.

Für einen Spielturm mit Rutsche braucht man zunächst ausreichend Platz. Am Fuß der Rutsche muss genügend Auslauffläche vorhanden sein. Die Fußpunkte der tragenden Pfosten des Turms wie auch der Leiter und Rutsche müssen entsprechend der Montageanleitung einbetoniert werden. Die gesamte Fläche rund um den Turm wird dann mit Sand abgedeckt, damit es keine Verletzungen beim Rutschen oder Springen vom Turm gibt.

Die Montage der Holzteile geht problemlos vonstatten, wenn man mit dem richtigen Werkzeug ausgerüstet ist. Man braucht Bohrmaschine, Akkuschrauber, Schraubenschlüssel und auf jeden Fall eine Wasserwaage. Prüfen Sie nach Abschluss der Montage, ob es noch raue oder absplitternde Holzteile gibt. Wenn ja, die Hölzer mit Raspel und Schleifpapier glätten, um Verletzungen zu vermeiden.

Montageschritte

1 Besonders stabile H-Anker werden für die Befestigung der Pfosten des Spielturms einbetoniert

2 Sind die vier Pfosten genau ausgerichtet, fixiert man sie mit Schraubzwingen, durchbohrt das Holz und dreht anschließend passende Schlossschrauben ein

3 Entsprechend der Montageanleitung werden die Querträger für den Boden des Spielturms nun mit Schraubzwingen fixiert und ausgerichtet

Dann durchbohrt man Träger und Pfosten und setzt je Befestigungspunkt eine Schlossschraube ein (4). Auf die Querträger kann man im nächsten Schritt die Bodenbretter schrauben (5)

Sind auch die oberen Querträger angebracht, werden die Seitenwände montiert (6). Für Leiter und Rutsche bleiben Öffnungen (7)

Nun können die Dachsparren verschraubt werden (8). Die Holzarbeiten am Spielturm sind damit so gut wie abgeschlossen (9)

Es fehlen nur noch die als Dacheindeckung dienenden Bretter

Die Leiter wird an einem zusätzlichen Querträger verschraubt (11). Auf der Gegenseite montiert man die Rutsche (12)

Zur Sicherheit

Überstehende Schraubenenden werden abgesägt, damit sich die Kinder nicht daran verletzen können.

TIPP

Kontrollieren Sie die Schraubverbindungen der Holzkonstruktion wie auch der Rutsche und Leiter regelmäßig und ziehen Sie die Schrauben gegebenenfalls nach. Auch die Standfestigkeit der Bodenverankerung sollte man mindestens einmal pro Jahr überprüfen.

Das Windrad setzt einen spielerischen Akzent

Wenn Sie gern beobachten wollen, wie stark und aus welcher Richtung der Wind in Ihrem Garten weht, dann ist das hier präsentierte Windrad sicher ein hübscher Bauvorschlag. Aus wenigen Einzelteilen ist die solide Konstruktion im Nu zusammengeleimt.

Wir beginnen mit dem Flügelrad. Es besteht aus acht Einzelflügeln, die an Rundstäben befestigt und damit in eine Nabe geleimt werden.

Zunächst schneiden Sie die acht Sperrholzflügel aus. Dann müssen die Rundstäbe am äußeren Ende in Länge der Flügel auf halbe Materialstärke aufgetrennt werden. Wir haben dazu am Stich-

sägetisch eine Anschlagleiste angeklemmt. Die vorbereiteten Rundstäbe anschließend mit den Flügeln verleimen.

Die Nabe des Flügelrads besteht aus einer Buchenholzscheibe von 19 mm Dicke und 76 mm Durchmesser. Sie wird mit der Stichsäge ausgeschnitten und dann mit Raspel und Schleifpapier geglättet. Mithilfe von Bohrständer und Maschinenschraubstock versehen Sie die Nabe anschließend mit den acht Bohrungen zur Aufnahme der Flügelstäbe. Eine weitere 5-mm-Bohrung im Zentrum der Nabe dient zum Durchführen der Schraube mit abgesetztem Gewinde, auf der sich das Flügelrad dreht.

Die Flügelstäbe können nun in die Nabe eingeleimt werden. Dabei stellen Sie die Flügel im 45-Grad-Winkel schräg zum Wind.

Ist das Flügelrad fertig gestellt, geht's an den Bau der Mittelachse. Sie wird am hinteren Ende eingeschlitzt, um die Wetterfahne aus Sperrholz einschieben und durch zwei Dübel und Leim befestigen zu können. Nun das vordere Ende der Mittelachse vorbohren, um die als Drehachse des Rads dienende Holzschraube eindrehen zu können.

Ist das Flügelrad montiert, legt man die Mittelachse auf eine Brettkante, um durch Verschieben das Gleichgewicht zwischen Flügelrad vorn und Wetterfahne hinten einzupendeln. Ist der richtige Auflagepunkt gefunden, wird er markiert. Hier ist nun eine weitere Bohrung zur drehbaren Befestigung der Mittelachse auf der Halteleiste erforderlich. Eine weitere Holzschraube mit abgesetztem Gewinde stellt das Verbindungsglied dar.

Arbeitsschritte

1 Zum Auftrennen der Flügelstäbe spannt man eine Latte als Hilfsanschlag über die Platte des Stichsägetisches

2 Nun die Flügel mit den aufgesägten Rundstäben verleimen. Dabei unbedingt wasserfesten Holzleim verwenden

3 Zum Bohren der Löcher für die Flügelstäbe wird die Nabe des Flügelrads in den Maschinenschraubstock gespannt

Die Flügel in einen Winkel von 45 Grad einleimen (4). Die Wetterfahne wird in den vorbereiteten Schlitz der Mittelachse gesteckt, verdübelt und verleimt (5)

Vor der Oberflächenbehandlung des Holzes sollten Sie die Funktion des fertig gestellten Windrads in einem Probelauf testen

Das schmucke Windrad ist jetzt funktionsfähig und wird im Freien probeweise aufgestellt und getestet.

Anschließend bekommt das Holz einen wetterfesten Klarlacküberzug. Als optischen Akzent haben wir die Flügel teilweise sowie Wetterfahne und Nabe ganz rot gestrichen. Natürlich können Sie auch das gesamte Windrad farbig gestalten.

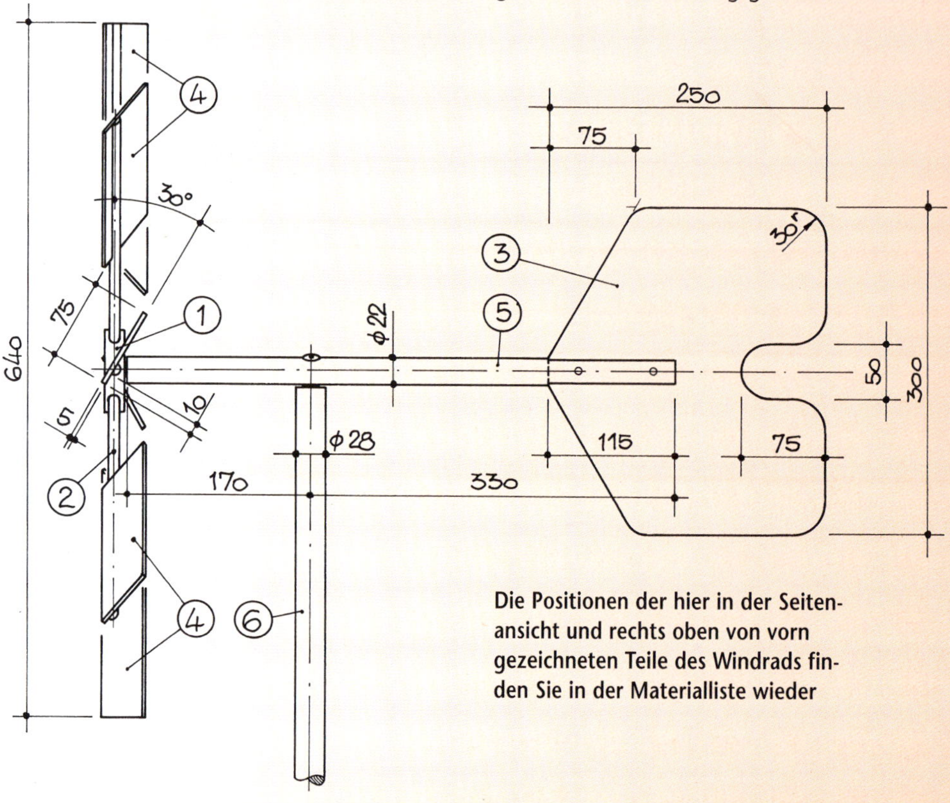

Die Positionen der hier in der Seitenansicht und rechts oben von vorn gezeichneten Teile des Windrads finden Sie in der Materialliste wieder

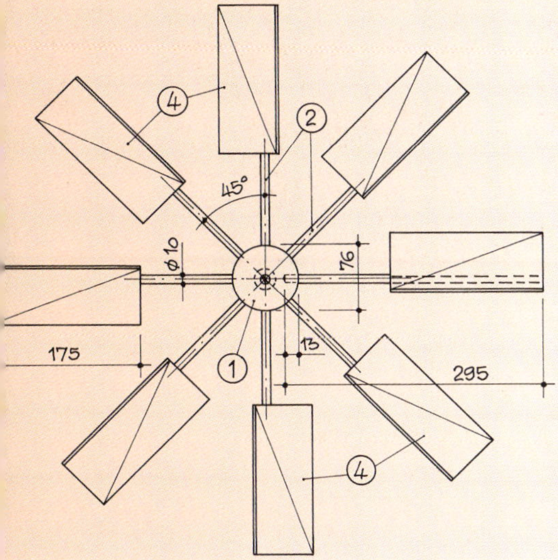

Materialliste:

① 1 Radnabe 76 mm Durchmesser, 19 mm dick (Buchenholz)

② 8 Flügelstäbe von 10 mm Durchmesser und 295 mm Länge (Buchenholz)

③ 1 Wetterfahne 250 x 300 mm (Rohmaß) aus 5-mm-Sperrholz

④ 8 Flügel 175 x 75 mm aus 5-mm-Sperrholz

⑤ 1 Mittelachse 330 mm lang, Durchmesser 22 mm (Buchenholz)

⑥ 1 Ständer Durchmesser 28 mm (Buchenholz), Länge nach Bedarf

Eine Oberflächenbehandlung mit wetterfestem Klarlack sorgt dafür, dass Sie lange Freude an dem hübschen Windrad haben werden

Akkuschrauber 16
Arbeitstechniken 14

Beschläge 12
Beton 21
Betonkunde 21
Blumenkasten 77
Blockstufen 26, 83

Elektrofuchsschwanz 16
Elektrowerkzeuge 15, 16

Farbpalette 13
Frühlings-Blumenkasten 77
Fuchsschwanz 15

Gartendeck 29
Gartenhölzer 6
Gartentor 10, 36

Handkreissäge 16
Handwerkzeuge 15
Holzbrücke 69
Holzreste 73
Holzroste 44, 46
Holzterrassen 48, 50

Kübel 84

Landhausfarben 13
Lasuren 13

Materialkunde 6
Materialliste 64

Oberflächenbehandlung 13

Palisaden 20, 21
Pavillon 9
Pergola 22, 30, 52
Pflanzkästen 72
Pflanzkasten, freistehend 79
Pflanzkasten, hängend 81
Pflanzkübel 83
Pflanzzaun 34
Pfostenanker 12, 13
Pfostenfundamente 17
Pfostenschuhe 19
Punktfundamente 42, 43, 60

Rankgitter 36
Rutsche 87

Schlossschrauben 12
Schrauben 12, 13
Schreinerwinkel 15
Sichtschutzelemente 16, 22
Sichtschutzwand 10, 23, 24
Sitzbänke 63

Tandemsäge 16
Teichbau 54, 65
Teichbau-Materialien 65
Teichfolie 65
Teichumrandung 61
Teichvlies 65, 66
Teichwand 55
Terrassenbau 39, 60
Thermoholz 45
Tormontage 37
Treppe 54
Treppenbau 11

Uferbepflanzungsmatten 65, 66

Wassergarten 48, 49, 59
Werkzeuge 14
Western Red Cedar 39
Wetterschutz 8
Windrad 90

Zaunanlage 26
Zäune 22
Zaunmontage 27
Zedernholz 9
Zollstock 15

Gesamtherstellung: Naumann & Göbel Verlagsgesellschaft mbH, Köln
Layout: Wolfgang Rattay, Köln

ISBN 10: 3-625-11282-5
ISBN 13: 978-3-625-11282-2

www.naumann-goebel.de